古典が好きになる

まんがで見る青山由紀の授業アイデア10

青山由紀 著
吉永直子 まんが

はじめに

「今は昔、たけとりの翁といふものありけり……」。十年前、五年生を前に『竹取物語』の原文を読み聞かせしたのが、私の初めての古典学習でした。もちろん、当時はまだ「伝統的な言語文化」という言葉もありませんでしたから、「古典学習」とよんでいました。「小学生に古典なんて難しいのではないかしら」「原文を与えて大丈夫だろうか」という心配をよそに、生き生きと取り組む子どもの姿がありました。

「古典」という言葉を知らない子どもたちにとっては、『竹取物語』も物語の一つにすぎません。「かなり昔の物語」といった程度のものです。ましてや、今でも通用する言葉がたくさん使われているのですから、「かんた〜ん」となるわけです。『平家物語』の「扇の的」も現代語訳で大体の意味をつかんでしまえば、原文での群読を楽しみます。「ここは山場だから、その前で一呼吸間をとって、徐々に声を大きくしていこうよ……」。現代語の物語学習と何も変わりありません。そんな子どもの様子に、「古典」という言葉にしばられていたのは、私自身だったことに気づかされました。

それからさまざまな学年を対象に、学習材開発と実践を重ねてきました。その中で、子どもたちは「花咲かじじい」や「因幡の白ウサギ」といった昔話や神話を案外知らないことや、童謡・唱歌にもほとんどふれていないことがわかってきました。平安時代の原文には抵抗のない子どもたちが、唱歌にうたわれている里山の情景を「イメージできない」「わからない」というのです。これは「言葉」とか「文学」をこえた「暮らしぶり」や「感性」「価値観」といった、まさに「文化」の継承が危ぶまれる状況です。

そんなとき、「学習指導要領」に「伝統的な言語文化と国語の特質に関する事項」が新設されました。と同時に、「小学校に古典なんて難しいのでは」「何を教えたらいいのだろう」という声が多く聞かれました。十年前の私と同じです。

「古典」というジャンル意識のない子どもたちの、初めての「出会い」を大切にしてほしい。

子どもたちはもちろん、先生方にも「古典」を楽しんでいただきたい。そんな思いをもっていたところ、光村図書より『国語教育相談室』で「古典」を扱った授業を連載していただく機会を頂戴しました。それも授業の様子をまんがにしてくださるというのです。まんがなら、子どもたちの楽しそうな様子や雰囲気が伝わります。思った通り、子どもたちの発言ややり取りがそのまま誌面に再現されました。連載された六単元に四単元を加え、十単元もの実践をまとめていただいたのはうれしい限りです。これまで数え切れないほど何度も授業を参観し、子どもの様子をそのまままんがにしてくださった吉永直子様、連載企画や編集をしてくださった光村図書の吉田史様に感謝申し上げます。また、「先生方がそのまま使える資料も載せてほしい」をはじめ、数々のわがままに最後までお付き合いくださった光村図書の藤崎雅栄様、ありがとうございました。

この本が、子どもたちや先生方が「古典って楽しい、好き」と思える授業に少しでもお役に立てれば幸いです。

平成二十五年四月

青山由紀

目次

■**そのまま使える資料**

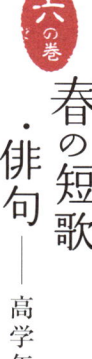

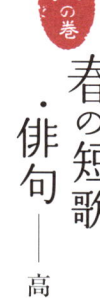

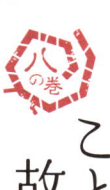

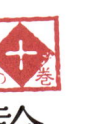

本書の構成

本書は、各章が次のような内容で構成されています。

とびら

まんが……………青山先生の古典の授業をまんがで再現しました。まんがで授業をのぞいてみてください。

目ざしたいこと………各章で取り組んだ学習のねらい（目標）を示しました。また、ねらいをかみくだき、どのような単元構想なのか、児童にどのような力をつけることを目ざしているのかなどを、具体的に解説しました。

学習の流れ…………各章で取り組んだ学習の「流れ」を示しました。

古典が好きになるワンポイント……各章で取り組んだ学習における指導のポイントを解説しました。

そのまま使える資料…授業で使用できる学習材やワークシート、児童作例等を掲載しました。学習材本文は120％、ワークシート等は枠に合わせて150％に拡大コピーすると、Ａ４サイズの資料としてお使いいただけます。

豆知識……………指導にあたって、教師が知っていると役に立つ知識をまとめました。

指導のために………補足となる解説を掲載しました。

※本書の中で青山先生が使用している教科書は、平成二十三年度版光村図書発行の「国語」教科書です。

※資料等の古典作品の表記については、平成二十三年度版光村図書発行「国語」教科書に準ずるとともに、学年別漢字配当表（小学校学習指導要領）と学習内容に配慮したものとなっています。

一の巻 竹取物語

――中・高学年

今は昔、竹取の翁といふものありけり。野山にまじりて竹を取りつつ、よろづのことに使ひけり。名をば、さぬきのみやつことなむいひける。

「古典の授業が苦手です」という話をよく聞きます
どんな授業をすればいいのかわからないと、不安に思っている先生が多いようです
その不安に私がお答えしましょう
筑波大学附属小学校
青山由紀先生
小学生に古典がわかるの？
音読・暗唱をすればいいんですよね
難しそう……
古典の授業が苦手な先生方代表
古典に「親しむ」ことが大事なので、きっちり理解させようとしなくても大丈夫なんですよ
例えば私は『竹取物語』の授業で原文を耳で聞かせるところから入ります
先生が昔のお話を読みます
どんなお話かわかったところで手を挙げてね

子どもたちは、幼いころに読んだ昔話の語り口や、絵本の挿絵を覚えていて、昔話というだけで全部知っているつもりになっています。

ところで、子どもたちが本当に昔話を知っているのかというと……

【アンケート結果】昔話を知っている子の割合※

牛若丸
一寸法師
はなさかじいさん
かぐやひめ

牛若丸	一寸法師	はなさかじいさん	かぐやひめ
0%	35%	30%	35%

※青山先生が受けもった４年生の子どもたち39名に調査。
数字は「あらすじが書ける」と答えた子どもの割合。

私も記憶があいまいなものは絵本を読んだりします
牛若丸

子どもたちに「本当は知らない」ということに気づいてもらうためにクイズをします。

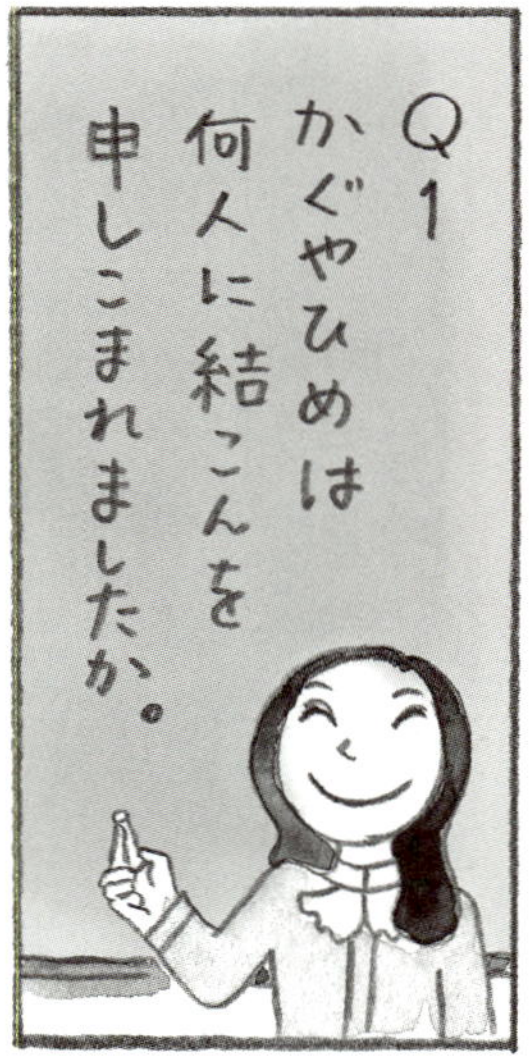
Q1
かぐやひめは何人に結こんを申しこまれましたか。

1人！
3人！
100人！
何人かとあとおえらいさん

Q2
かぐやひめは
結こんしましたか。
しました!
してないよ
そんな気もしてきた
結こんしてりこんした!
Q3
物語の結末は?
月に連れ去られた
死んじゃった
火星にハネムーン♡
子どもたちは記憶のあいまいさに気づきます
私たちの記憶もあいまいかも……

家や図書館で『竹取物語』や「かぐや姫」の本を見つけて次の授業に持ってきてね
竹取物語
子ども文学全集
むかしばなし

こうして昔読んだ「かぐや姫」を読み返すことにつなげます。

人数は書いてないよ
この本では5人だよ
おえらいさんってみかどのこと?

次に、プリントを見ながら原文を聞きます。

今は昔、竹取の翁といふものありけり。野山にまじりて竹を取りつつ、よろづのことに使ひけり。名をば、さぬきのみやつことなむいひける。その竹の中に、もと光る竹なむ一筋ありける。あやしがりて、寄りて見るに、筒の中光りたり。それを見れば、三寸ばかりなる人、いとうつくしうてゐたり。
千年前の文章だよ知っている言葉に線を引いてみよう
いま
むかし
20個、線が引けたよ
たけ
とり
さぬき

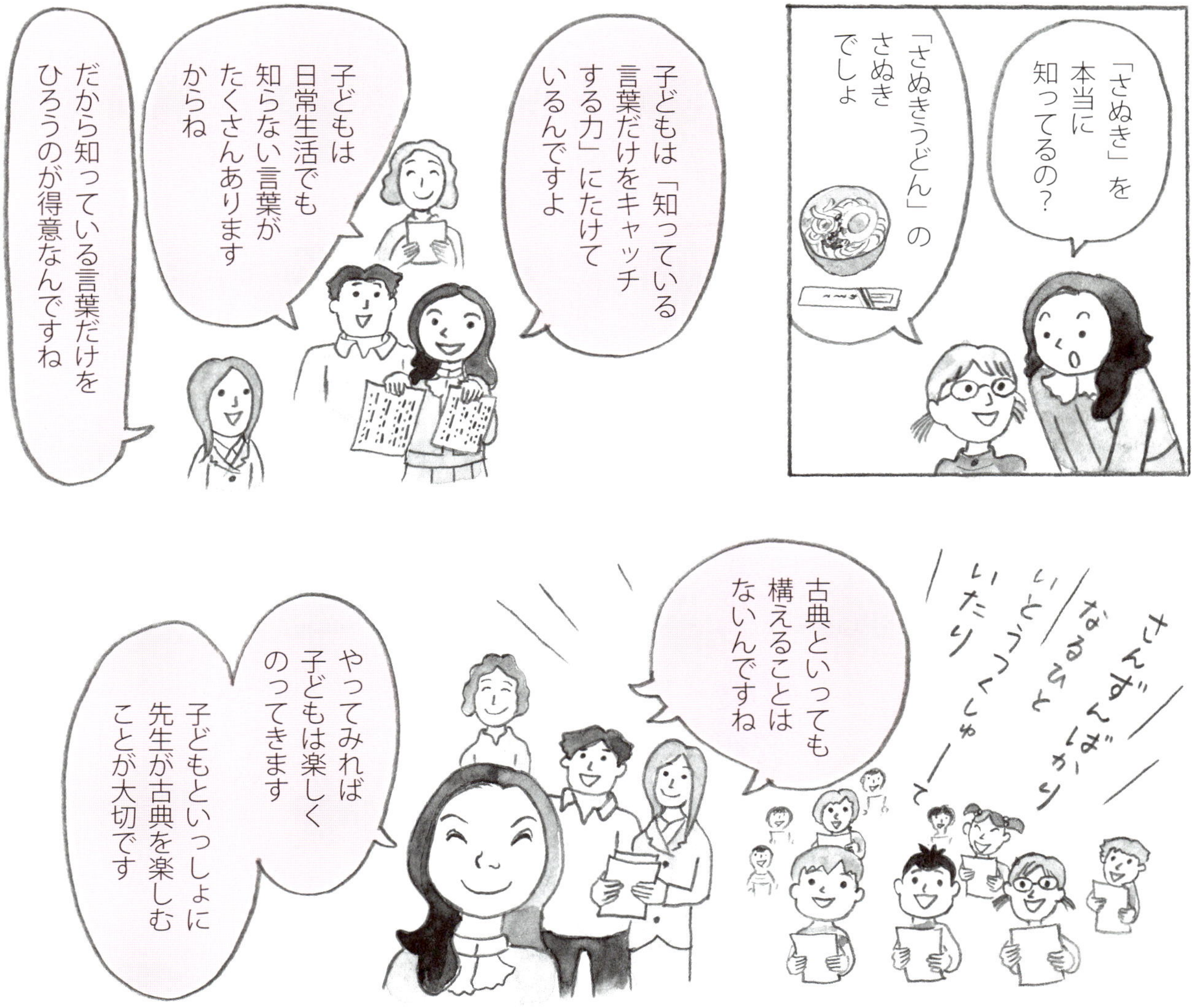
「さぬき」を本当に知ってるの?
「さぬきうどん」のさぬきでしょ
子どもは「知っている言葉だけをキャッチする力」にたけているんですよ
子どもは日常生活でも知らない言葉がたくさんありますからね
だから知っている言葉だけをひろうのが得意なんですね
さんずんばかりなるひと
いとうつくしゅーて
いたり
古典といっても構えることはないんですね
やってみれば子どもは楽しくのってきます
子どもといっしょに先生が古典を楽しむことが大切です

目ざしたいこと

学習のねらい：
自分の昔話体験に照らしながら古典の文章を音読し、言葉の響きやリズムを味わう。

それってつまり！

誰もが一度は目にし、読んだこともあるだろう「かぐや姫」。ご存じの通り、日本最古の物語といわれる『竹取物語』が、その原型です。

「みんなが知っている」そして「昔語りの昔話」だからこそ、初めは語りを聞いて、次に文字を見てと、徐々に出会わせたいものです。そうすることで、「今と違う言葉もあるけれど、意味はわかる」「古典って、何だかおもしろい」と親しみを感じながら、楽しく音読できます。「おもしろい」と思うから、何度も音読したくなり、昔語りのリズムに乗って、つい暗唱してしまうのです。

冒頭の内容がつかめたところで、「かぐや姫のその後は?」「結末は?」と、子どもたちに尋ねると、とたんにあやふやになります。友達どうしで話し合ってみると、求婚者の数も違ったりします。「昔話なんてよく知っている」と「知ったつもり」であることを自覚することが、「昔話をきちんと読み返そう」という思いを耕し、古典が元となっている昔話を現代語で読むことが、古典に親しむことにつながるのです。

学習の流れ（全2時間）

① 『竹取物語』の冒頭部分の読み聞かせを聞く。

・児童には、教師の読み聞かせを聞きながら、何の話かわかった時点で挙手するよう伝える。

② テキストを見ながら、内容を理解する。

・冒頭部分で、今でも使われている言葉に線を引かせる。

③ 現在読まれている「かぐや姫」のあらすじを確かめる。

・「かぐや姫」の内容に関するクイズを出題する。児童の「知っているつもり」に揺さぶりをかけ、古典版『竹取物語』に忠実な「かぐや姫」の内容を知りたいという意欲を喚起する。

④ 古典版『竹取物語』と、自分の知っていた話とを比べる。

・『竹取物語』の第一段と最終段のあらすじをプリントし、読み聞かせる。

⑤ 『竹取物語』の冒頭部分を音読・暗唱する。

古典が好きになるワンポイント

「千年前の言葉がわかる」という驚き体験

「今から先生が、千年以上昔の話をします。言葉も、千年前の言葉でお話をします。」という「つかみ」が肝心です。子どもたちは、「千年も昔の言葉なんてわかるわけがない」という反応を示しますが、「『たぶん、このお話だ』とわかったら、黙って手を挙げてください」とだけ言いおいて、ゆっくり音読します。

読み始めると、「野山にまじりて竹を取りつつ」あたりで「わかった」と手が挙がります。このギャップが大事です。「千年前のお話って『かぐや姫』のこと?」「千年前の言葉がわかる」という驚きが興味を喚起するのです。

さらに、文字を見ながらわかる言葉に線を引かせると、現代でも使われている言葉の多いことに驚きます。「古典」という別の世界が存在するのではなく、今につながっていることを実感させるのが大切なのです。誰もが知っている『竹取物語』なのに、作者がわからない(作者不詳)ということにも、子どもたちは驚きます。

このような方法であれば、中学年でも十分に扱えます。

音読・暗唱のポイント

音読・暗唱のポイントの一つ目は、作品選びです。

子どもたちが進んで音読したり暗唱したりする作品には、二つの特徴があります。

❶リズムのよいもの
❷意味がよくわかっているもの

「リズムのよさ」は、七五調などの音数や、リフレイン（反復）、擬音語・擬態語などによって生み出されます。『竹取物語』の冒頭は、昔語りの口調がリズムを生み出しています。内容も十分理解しているので、楽しみながら音読するうちに自然と覚えてしまいます。音読や暗唱をさせるには、それに適したテキストかどうかを見極めることが大事です。

ポイントの二つ目は、発達段階の特性を考慮して指導することです。

例えば、低学年の子どもたちは、論語をあっという間に覚えてしまいます。これは、「声に出して唱えることが好き」「同じことを繰り返すことが好き」という低学年の特性に加えて、「何だか難しそうな言葉でかっこいい」という興味から丸覚えするのです。意味などわからなくてもかまいません。普段の生活でも、大人たちが話している言葉の大半はわからないのですから、意味のわからないことに抵抗がありません。

つまり、下学年ほど、わからない言葉は無視し、わかる言葉だけをつないで、文脈の中で意味を推測する能力にたけています。

上学年になるに従い、意味もわからず、ただ音読したり暗唱したりすることが苦痛になってきます。そのため上学年では、意味の大体を理解してから音読や暗唱をさせるようにします。

竹《たけ》取《とり》物語

今は昔、竹取の翁《おきな》といふ《(う)》ものありけり。野山にまじりて竹を取りつつ、よろづ《(ず)》のことに使ひ《(い)》けり。名をば、さぬきのみやつことなむ《(ん)》いひ《(い)》ける。

その竹の中に、もと光る竹なむ《(ん)》一筋《すじ》ありける。あやしがりて、寄《よ》りて見るに、筒《つつ》の中光りたり。それを見れば、三寸《ずん》ばかりなる人、いとうつくしう《(しゅう)》てゐ《(い)》たり。

翁言ふや《(うよ)》う、「我《われ》朝ごと夕ごとに見る竹の中におはす《(わ)》るにて知りぬ。子になりたま《(も》ふ《う)》べき人なめり」とて、手にうち入れて、家へ持ちて来《き》ぬ。妻《め》の嫗《おうな》にあづ《(ず)》けて養は《(わ)》す。うつくしきこと、限《かぎ》りなし。いとを《(お)》さなければ、籠《こ》に入れて養ふ《(う)》。

竹取の翁、竹を取るに、この子を見つけ

対訳

昔、竹取の翁とよばれる人がいた。翁は、野山に分け入って竹を取っては、いろいろな物を作って暮《く》らしていた。名前を「さぬきのみやつこ」といった。

ある日のこと、その竹林の中に、根元の光る竹が一本あった。不思議だと思って、近寄って見ると、竹筒の中が光っている。それを見ると、手にのるぐらいの小さな人が、とてもかわいらしい様子ですわっていた。

翁が言うことには、「私《わたし》が、毎日、朝夕、見ている竹の中にいらっしゃるのでわかりました。あなたは（竹の籠《こ》ではなく）私の子におなりになるべき人なのでしょう。」と、両手に包むようにして、自分の家へ連れて帰った。そして、翁の妻《つま》にその子を任《まか》せて育てさせた。その子のかわいらしいことは、この上ないほどである。とても幼《おさな》いので、竹の籠《かご》の中に入れて育てた。

竹取の翁は竹を取っていたが、この子を見つけてからは、竹を切ると、竹の節をへだてた、筒の部分ごとに黄金の入っている竹を見つけることて後《のち》に竹取るに、節《ふし》をへだてて、よごとに、黄金《こがね》ある竹を見つくること重なりぬ。かくて、翁やう《（よ）》やう《（よ）》豊《ゆた》かになりゆく。

この児《ちご》、養ふ《（う）》ほどに、すくすくと大きになりまさる。三月《みつき》ばかりになるほどに、よきほどなる人になりぬれば、髪《かみ》あげなどとかくして髪あげさせ、裳着《もき》す。帳《ちょう》の内《うち》よりもいださず、いつき養ふ《（う）》。

この児の形の顕証《けそう》なること世になく、屋《や》の内《うち》は暗き所なく光満ちたり。翁、心地《ここち》悪《あ》しく苦しき時も、この子を見れば苦しきこともやみぬ。腹《はら》立たしきこともなぐさみけり。

翁、竹を取ること、久《ひさ》しくなりぬ。勢ひ《（い）》、猛《もう》の者になりにけり。この子いと大きになりぬれば、名を、御室戸斎部《みむろどいむ（ん）べ》の秋田《あきた》を呼《よ》びて、つけさす。秋田、なよ竹のかぐや姫《ひめ》と、つけつ。

がたび重なった。こうして、翁は次第に裕福《ゆうふく》になっていった。

この子は、育てるほどに、すくすくと成長していった。そうして三か月ぐらいたったころに、一人前の大きさのむすめになったので、髪あげのお祝いの日などを決めて、髪を結《ゆ》い上げさせ、裳を着せた。翁はこの子を帳の中から出すこともせず、大切に育てた。

この子の姿形《すがた》の美しさは、世にないくらい（かがやいていたので）、家の中は、暗い所がないほどいつも光に満ちあふれていた。翁が、気分が悪く苦しいときも、この子を見るとその苦しさも消えてしまった。腹の立つようなことがあっても、その気持ちがなぐさめられるのであった。

その後も翁は、黄金のある竹を取ることが長く続いた。それで、さらに富豪《ふごう》になっていった。この子がもう十分一人前に成長したので、御室戸斎部の秋田という人を招《まね》いて、名前をつけさせた。秋田は、「なよ竹のかぐや姫」と、名前をつけた。

豆知識

『竹取物語』基礎知識

『竹取物語』は、仮名文字で書かれたわが国で最も古い作り物語である。成立年代は諸説あり、はっきりしないが、一般に十世紀前半の成立と考えられている。作者も不詳である。

『竹取物語』の構成は、第一段「かぐや姫の誕生と成長」、第二段「貴公子の求婚」、第三段「かぐや姫の昇天」となっている。第二段だけ内容的に現実的な要素が強いが、これは作者が以前から語り伝えられていた「羽衣伝説」や「竹取翁説話」などを作品の骨格にしながら、その中に「難題聟《むこ》」形式の創作を加えたことによる。これによって、これまでにない魅力的な作品に仕上げている。また、五人の求婚者の失敗談は、当時の社会や貴族を風刺し、読者の興味を高めることを意図したものと思われる。

『竹取物語』のあらすじ

竹取の翁は、竹の中に三寸ばかりのかわいい女の子を見つけ、嫗と大切に育てた。翁がその子を見つけてから、その取る竹の中に黄金が入っていることが多くなり、翁はまたたく間に富豪になった。また、その子は三か月ほどの間に輝くばかりの美しい娘に成長し、「なよ竹のかぐや姫」と名づけられた。

世の男たちは、何とかかぐや姫を妻にしようと翁の家に殺到した。中でも五人の貴公子が熱心であった。かぐや姫は五人にそれぞれ難題を与え、求婚の申し出を退けてしまった。また、時の帝もかぐや姫に思いを寄せるが、これも拒否してしまう。

八月十五日、帝への手紙と不死の薬を形見に残して、かぐや姫は月世界からの迎えの天人たちに伴われて、天上界に昇ってしまった。帝は、手紙と不死の薬を駿河《するが》の国の高い山の頂で燃やすようにお命じになった。

「かぐや姫」が求婚者に出した難題とは？

石作《いしつくり》の皇子《みこ》
▶仏《ほとけ》の御石《みいし》の鉢《はち》

仏の御石の鉢＝インドにある、光を放つという鉢

石作の皇子は、山寺にあった真っ黒な鉢を仏の御石の鉢だといつわって、かぐや姫のもとに持参した。しかし、光っているはずの鉢が、少しも光を放たなかったので、かぐや姫にすぐににせ物だと見破られてしまった。

くらもちの皇子《みこ》
▶蓬莱《ほうらい》の玉《たま》の枝《えだ》

蓬莱の玉の枝＝蓬莱の山にあるという、銀の根、金の茎、真珠の実をもつ木の枝

くらもちの皇子は、宝を探しに出かけたとみせかけて、鍛冶《かじ》の細工人を六人呼び寄せ、ひそかに「蓬莱の玉の枝」を作らせた。そしてそれを持って竹取の翁の家にやって来た。くらもちの皇子が翁の問いに対して、さまざまな危難に遭いながら「蓬莱の玉の枝」を手に入れた経緯を話しているところへ、六人の細工人がやって来て、皇子の払ってくれない報酬を要求した。これによって、「蓬莱の玉の枝」がにせ物だということがばれてしまった。

右大臣《うだいじん》
阿部《あべのみ》御主人《うし》
▶火鼠《ひねずみ》の皮衣《かわぎぬ》

火鼠の皮衣＝中国にある、燃やしても燃えないという衣

右大臣阿部御主人は、大金持ちだったので、「火鼠の皮衣」を唐の商人から購入する計画を立て、お金を送って依頼した。やがてたいそう美しい皮衣が送られてきたので、右大臣は喜び勇んで、かぐや姫のもとに持参した。かぐや姫が、皮衣が本物かどうか焼いて試してみると、あえなく燃えてしまい、にせ物だということがわかってしまった。

大納言《だいなごん》
大伴《おおとものみ》御行《ゆき》
▶龍《たつ》の頸《くび》の玉

龍の頸の玉＝龍の首にあるという、五色に光る玉

大納言大伴御行は、家来たちに「龍の頸の玉」を探しに行くように命じ、妻妾を追い出してしまった。しかし、いつまで経っても家来たちの便りがないので、自ら船を仕立てて「龍の頸の玉」を求めて出かけた。航海の途中、激しい嵐に遭い、命からがら戻ってきた。大納言は、龍をとらえようとした自分の無謀さを悟り、かぐや姫との結婚をあきらめた。

中納言《ちゅうなごん》 石上麿足《いそのかみのまろたり》 ▶ 燕《つばくらめ》の子安貝《こやすがい》

燕の子安貝＝燕《つばめ》が持っているという、貝の一種

中納言いそのかみのまろたりは、家来たちに燕の巣から子安貝を取るように命じた。なかなかうまくいかないことにいらだった中納言は、自ら籠に乗って燕の巣をさぐって、子安貝らしきものをつかんだ瞬間、落下して目をまわしてしまった。しかも手にしていたものは、燕のふんであった。

『竹取物語』の最後の場面（「富士の山」の由来について）

（月の世界から、かぐや姫の迎えが来ると知った帝は、多くの兵士を翁の家に送り、その者たちを追い返そうとした。しかし、月の都の人々が現れると、誰もが戦意を失ってしまう。かぐや姫は翁と嫗、帝に形見の品を残し、月へと帰っていった。）

かぐや姫が昇天した後、翁も嫗も血の涙を流して嘆き悲しんだが、どうしようもなかった。かぐや姫が書き残した手紙を読んで聞かせても、「何のために命が惜しいことがあろう。何事も無用である。」と言って、薬も飲まず、病床に就いてしまった。

いっぽう、頭中将《とうのちゅうじょう》は宮中に帰参し、ことの次第を帝に奏上した。そして、不死の薬の壺に、かぐや姫の手紙を添えて帝に差し上げた。

帝の嘆きは深く、かぐや姫が贈った不死の薬も、かぐや姫のいないこの世界では不要な物と、不死の薬の入った壺と手紙を駿河の国にあるという山の頂上で焼くようにお命じになった。

勅使の「つきのいわがさ」が命を受けて、兵士（＝士）をたくさん（＝富）連れて登ったことから、その山を「士に富む山」つまり「富士の山」とよぶようになったのである。その燃やしたときの煙が、今もなお雲の中へ立ちのぼっているという。

昔話・桃太郎

二の巻

——中学年

童の話に、昔老いたる夫婦ありけり。夫はたきぎを山に折、婦は流れに沿て、衣を浣ふに、桃の実一ツ流れて来つ。

古典を楽しむ素地を育てるために、江戸期に書かれた「桃太郎」を使って
古典学習の導入を図る授業を紹介します
あの「桃太郎」？
江戸期に書かれたものなんて読めるの？
初めに、教師が音読して子どもたちには音だけで出会わせます。
今から、四〇〇年前に書かれたお話を読みます
何のお話かわかったら、手を挙げてください
えーっ?! 四〇〇年前のお話？
どうやって調べたの？
おとこはたきぎをやまにこり
つまはながれにそうてきぬをあらうに
もものみひとつ
はーい！
はーい！

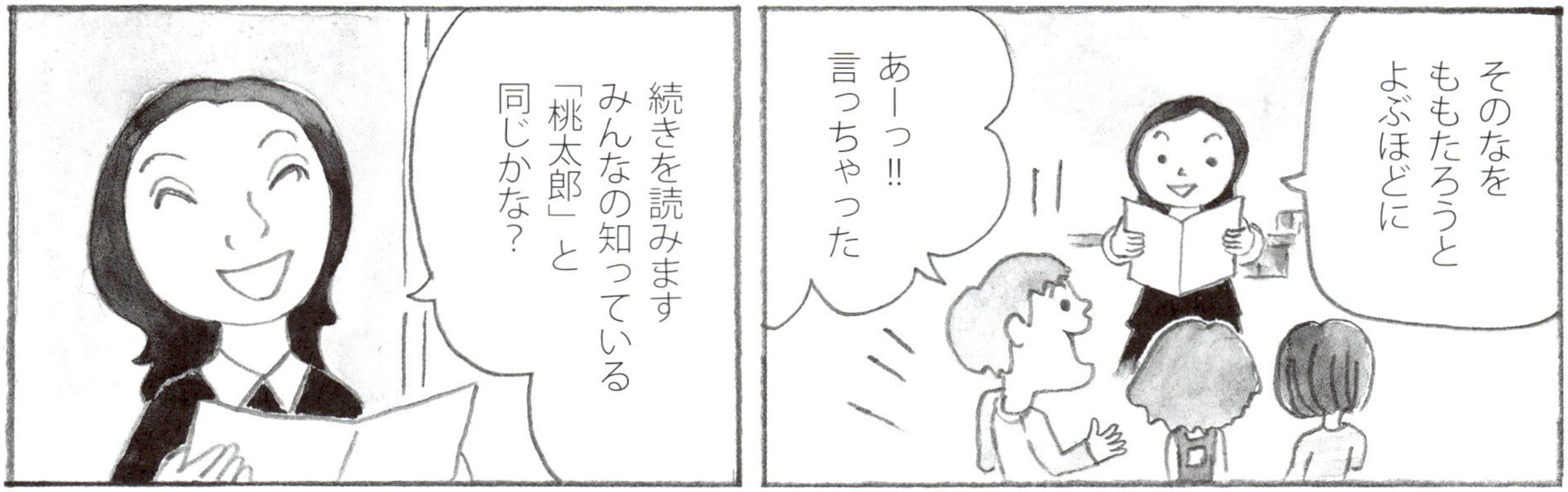

**子どもたちは
キーワードを聞き取ることで
お話の筋を追っていきます。**

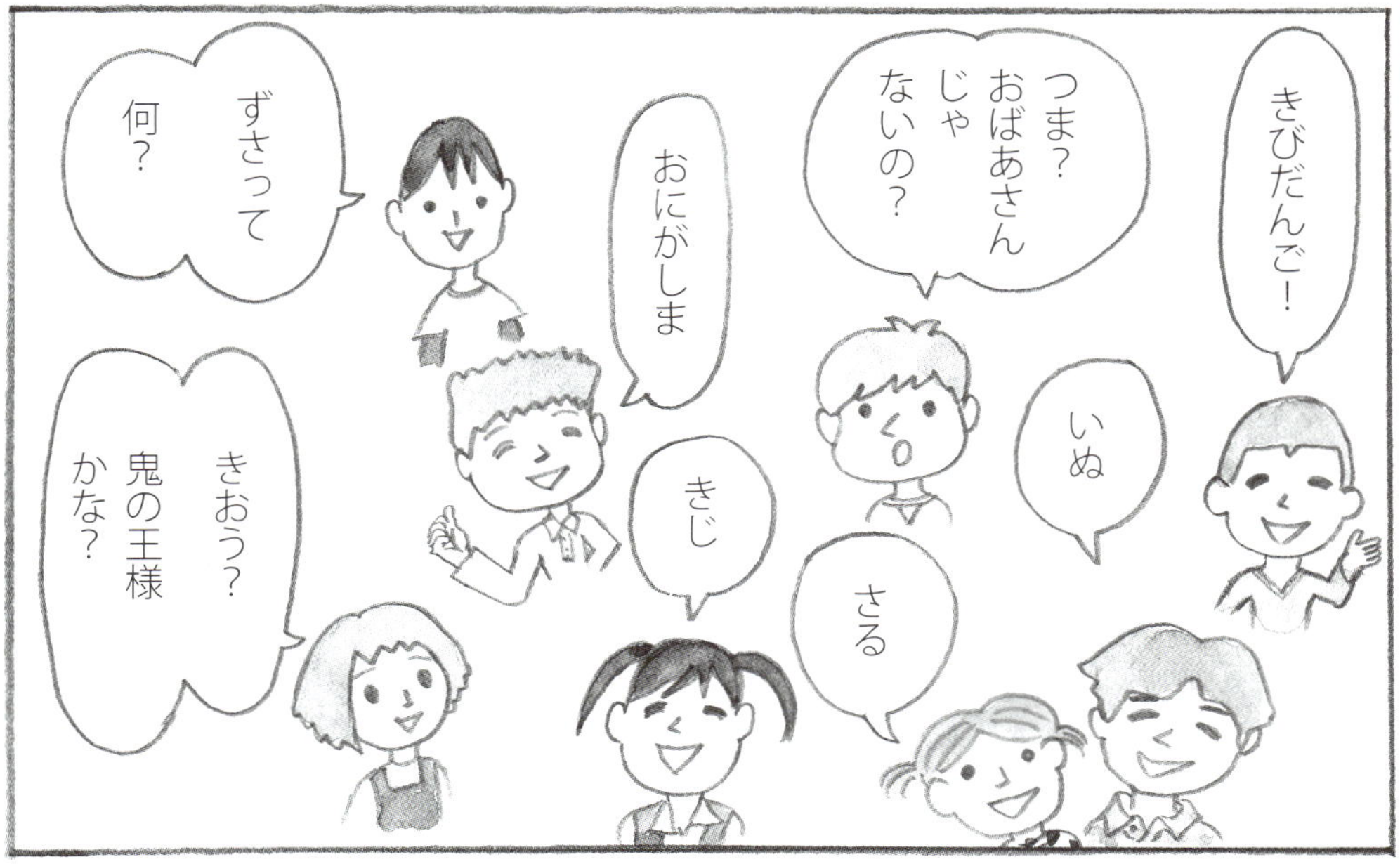

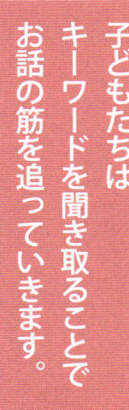

今の「桃太郎」と同じところと違うところはどんなところかな
話の流れは同じだと思う
違うところもあるよ
いぬ、さる、きじは同じ
「ずさ」って家来のことじゃない？

鬼が村人に悪さをしていない
あれ？何で桃太郎は鬼が島に行ったんだろう？

宝が出てきた
違うよ出てこないよ
ヘンな宝が出てきたよ

このように、聞いただけでも大部分の意味をとらえることができます。

イメージが広がったところで全文を書いたプリントを配ります。

何これ？見たほうが難しい
桃太郎
童の話に、昔
老いたる夫婦ありけり。
夫はたきぎを山に折、
婦は流れに沿て、衣を
浣ふに、桃の実一ツ
流れて来つ。——
四〇〇年前に書かれたものだからひらがなの読み方も少し違うよ

聞いただけではわからなかった部分を確認しながら、教師が音読します。子どもたちは書かれたものを見ると、さらにいろいろなことに気づきます。

「浣う」の漢字がちがう
「一ツ」のツだけかたかな
かぎかっこがない
「老いたる夫婦」だから「婦」はおばあさんのことだ
「従者《ずさ》」は家来のことだ

**内容を理解したので
スムーズに音読につなげられます。**

目ざしたいこと

学習のねらい：
江戸時代に書かれた昔話を読んだり、昔話の童謡・唱歌にふれたりしながら、内容の大体をつかみ、古典に親しむ。

それってつまり！

今の子どもたちは、意外と昔話を知りません。題名だけ知っているものが多く、あらすじを言わせるとあやふやです。昔話を読むきっかけを作ることが必要です。そこで、ここでは誰もが知っている「桃太郎」を取り上げ、江戸期に滝沢《たきざわ》馬琴《ばきん》が書いたテキストを使って「文語的な言い回し」に慣れることまでねらいます。

江戸期の文章は、平安時代の作品に比べて聞き慣れた言葉が多く使われています。「文語」ではなく、いわゆる「文語的な言い回し」というものです。そのうえ、分量もあらすじ程度の簡潔な文章であるため、内容がとらえやすいです。内容を理解して音読することで、自然と「文語的な言い回し」に慣れることができ、まさに中学年にぴったりです。

子どもたちには、初めは読み聞かせるだけで、文字テキストを与えません。すると、自分の知っている昔話と照らして聞かざるを得ません。でも、「桃太郎」という固有名詞をはじめ、きび団子、犬、猿、きじといったキーワードが多く出てくるので、話の筋を追うのは簡単です。「隠れ蓑《みの》、隠れ笠、打ち出の小槌《こづち》」など、今の「桃太郎」とは違うのも、昔話への興味を喚起するポイントとなっています。「桃太郎」をきっかけに、さまざまな昔話を読み直そうとします。

学習の流れ（全3時間）

1 江戸期に書かれた「桃太郎」と出会い、昔話に興味をもち、音読する。

・「桃太郎」（滝沢馬琴作）を読み聞かせる。
・聞き取った登場人物や、あらすじを確かめ、自分たちの知っている「桃太郎」との共通点、相違点を発表させる。
・文字テキストを見ながら、聞いただけではわからなかったことを確認し、難語句を解説する。
・全員で音読した後、グループで音読を楽しませる。（会話文に「　」を付けて役割読みをするなど、楽しんで音読できる工夫を紹介する。）
・童謡「桃太郎」の歌詞を提示し、気づいたことを発表させる。

プラスα 「猿《さる》蟹合戦」を読む。

・読み聞かせによって内容の大体をとらえさせてから、文字テキストと出会わせる。
・自分の知っている「猿蟹合戦」と比べさせ、共通点や相違点など、気づいたことを話し合わせる。
・グループで音読を楽しませる。

古典が好きになるワンポイント

昔話体験を生かして古典に慣れる

「一の巻」にもあるように、大人が思っているほど子どもたちは昔話を読んでいません。題名と絵本の表紙を見知っただけで、「読んだつもり」になっているようです。

もしも、「因幡《いなば》の白ウサギ」の話を全く知らずに『古事記』の原文にあたったら、たいへん難しく感じることでしょう。これは神話に限らず、『御伽草子《おとぎぞうし》』や『宇治拾遺物語《うじしゅういものがたり》』などでも同じです。小学校段階で十分に昔話体験をさせておくことが、中学校、高等学校での古典学習の助けとなります。もちろん、現代語訳の昔話で十分です。

ここでは、「桃太郎」を取り上げましたが、子どもたちみんなが元の話を知っていなければ、この学習は成立しません。事前にどんな昔話を知っているか、学習者の実態をつかんでおきましょう。滝沢馬琴が記した同じ出典には、「猴蟹合戦」や「兎の大手柄」（かちかち山）など、まだ多くの昔話が載っています。実態や興味に応じて、他の昔話も、江戸期の文体のまま楽しく読み聞かせをするのもおすすめです。

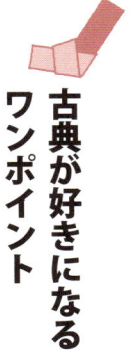

昔話の読み比べ

昔話は、人から人へと語り伝えられてきたものです。そのため、同じ話であっても、違いが見られます。例えば、テキストとした江戸期の「桃太郎」は、鬼が村人たちに悪さを働いていないことや、「隠れ蓑、隠れ笠、打ち出の小槌」という宝が出てくるところなど、子どもたちの知る「桃太郎」とは違います。また、「『流れてきた桃をおばあさんが食べて、桃太郎を産んだ』という話も知っている」という子どももいます。実は、滝沢馬琴も「婦《つま》が産んだという話もある」と記しています。このように、昔話には「正解」があるわけではありません。でも、だからこそ昔話を読み直したり、読み比べたり、友達と交流することで違いを見つけたりする楽しさがあるのです。

資料に示した「猴蟹合戦」では、登場人物も違います。「牛の糞」が「滑海藻《あらめ》」に、「栗」が「鶏卵《たまご》」になっています。

昔話は、その多くが童謡・唱歌となっています。江戸期の昔話、子どもたちの知る現代の話、明治期に作られた童謡・唱歌の歌詞と、これら三つを比べる活動も子どもの興味を喚起します。さらに読み比べを進めると、残酷な場面の有無は時代の違いだけでなく、読み手が幼児の場合など、対象者による違いであることにも気づきます。

さて、「浦島太郎」の結末には大きく二つのタイプがあることをご存じでしょうか。玉手箱を開けた太郎がおじいさんになる話と、太郎が鶴になって飛んでいくという話です。クラスで話題にするだけで、子どもたちは進んで読み返したり、絵本を集めたりと動き出します。

桃太郎《ももたろう》

童《わらべ》の話《ものがたり》に、昔老《むかしおい》たる夫婦《ふうふ》ありけり。夫《を(お)とこ》はたきぎを山に折《こり》、婦《つま》は流れに沿《そふ(う)》て、衣《きぬ》を浣《あら》ふ《(う)》に、桃の実一ツ流れて来《き》つ。

携《たづ(ず)さ》へ《(え)》かへ《(え)》りて夫に示すに、その桃おのづ《(ず)》から破《われ》て、中《うち》に男児《おのこご》ありけり。この老《おい》夫婦原来《もとより》子なし。

この桃の中なる児《ちご》を見て喜《よろこ》びて、これを養育《はぐく》み、その名を桃太郎とよぶほどに、その児たちまち大きになりつつ、力《ちから》人に勝《すぐ》れて、一郷《ひとさと》に敵《てき》なし。

ある日、その母にきび団子《だんご》といふ《(う)》もの、あまたととのへ《(え)》て給《たま》は《(わ)》れと言ふ《(う)》。母その故《ゆえ》を問へ《(え)》ば、鬼《おに》ガ島《しま》に赴《おもむ》きて宝《たから》を得《え》んためなりと答《いら》ふ《(う)》。父聞いて、いと勇《たけし》と誉《ほめ》て、その言ふ《(う)》ままにす。団子すでにととのへ《(え)》しかば、桃太郎これを腰間《こし》につけ、父母に辞《ぢ(じ)》し別れて、ゆくゆく途《みち》に犬あり、その腰間なるきび団子を見て、これ一ツ給は《(わ)》らば、従者《ずさ》たらんと言ふ《(う)》にとらしつ。また、猿《さる》と雉子《きじ》とにあへ《(え)》り。みなきび団子を与《あたへ(え)》て従者とし、つひ《(い)》に鬼ガ島に至《いた》り。

その窟《いは(わ)むろ》を責《せめ》て、鬼王《きわ(お)う》を擒《とりこ》にす。鬼どもその敵《てき》しがたきを見て、三ツの宝物隠れ蓑《かくみの》、隠れ笠《がさ》、打出《うちで》の小槌《こづち》を献《たてまつ》りて、主《しゅう》の命乞《いのちごひ(い)》せり。かくて桃太郎、その宝を受けて鬼王を放《ゆる》し、犬、猿、雉子を将《い》て、故郷《ふるさと》に帰り。思ふ(う)ままに富《とみ》さかへ(え)て、父母を安楽《やすら》に養《やしな》ひ(い)しといふ(う)事。

猴蟹合戦《さるかにがっせん》

猴と蟹と山のふもとをめぐりあふ(う)て、猴は柿《かき》の核《さね》を拾《ひろ》ひ(い)、蟹は火飯《やきめし》を拾ひ(い)つ。猴はこれを見て利《り》を急《すみやか》にせまくほりし、柿の核にかへ(え)よと言ふ(う)に、蟹はこれをいなまず。己《おの》が飯《いひ(い)》とかへ(え)て、彼《か》の柿の核を殖《うへ(え)》にければ、たちどころに芽を出し、その樹《き》にはか(わ)に向上《みあぐ》るばかりになりて、柿の果《み》夥《あまた》なれり。されど蟹は樹に縁《よる》に便《びん》なければ、彼の猴して果《このみ》をとらするに、猴はこずゑ(え)にて柿をうち食《くら》ひ(い)つつ、渋《しぶ》きをば蟹に投与《なげあた》へ(え)、甘《うま》きはみなおのが腰《こし》につくるほどに、蟹は樹下《このもと》にありて、いたく甲《かう(こ)》を撃傷《うちやぶ》られ、から(ろ)うじて穴《あな》へにげ入るに、その痛堪《いたみたえ》がたくて、つひ(い)に得起《えおき》ず。

蟹が親族妻子縁由《うからやからことのよし》を聞《きき》て、かつ驚《おどろ》き、かつ怒《いか》り、やがて軍兵《いくさ》を起《おこ》して猴を責《せ》む。猴もまた、夥の眷属《けんぞく》を得て、これと挑《いど》めり。その威勢《いきほひ(おい)》当《あた》るべうもあらざれば、蟹はますます憤《いきどほり(お)》に堪《たへ(え)》ず。おのおの穴にこもりて、軍略《はかりごと》を相議《かたらへ(え)》る折《おり》から、臼《うす》、杵《きね》、蜂《はち》、鶏卵《たまご》等詣《まうで(も)》来て、共《とも》に奇計《きけい》をめぐらし、まづ(ず)、蟹に和睦《わぼく》を乞《こは(わ)》して、ひとり猴王《こうわう(お)》を穴居《うち》へいざなひ《（い）》、これを炉《ろ》の辺《ほとり》にを《（お）》らしたり。

猴はその謀略《はかりごと》あるを知らず。火箸《ひばし》を取《とり》て、埋火《うづ（ず）みひ》をかき起さんとするに、鶏卵は炉の中に伏《ふ》して発《はね》て、その腕《ただむき》を焼《やき》にければ、おどろきあは《（わ）》て厨《くりや》なるぬかみそ桶《おけ》といふ《（う）》ものに手をさし入れ、火傷《やけど》のほてりをさまさんとするに、蜂は桶のほとりにを《（お）》り、また泣《なく》つらをいたく刺《させ》ば、払《はらひ（い）》もあへ《（え）》ずますます叫《さけ》びて、背戸《せど》より走出《はしりいで》んとするを、滑海藻《あらめ》足にまつは《（わ）》りて、これをすべらし、杵は棚《たな》よりおちくだり、臼は金門《かなど》の上よりまろび落ちて、ふたたび背《そびら》をうち砕《くだ》くに、よは《（わ）》り果《はて》て得も起ず。そのとき蟹ども群《むら》たち来てはさみをあげ、猴をはさみ、その宍《ししむら》をくらひ《（い）》て歓《よろこ》びあへ《（え）》りといふ《（う）》事。

■比較表

	登場人物	話の筋	結末
江戸時代	猴／蟹（本人）（親族妻子《うからやから》）／臼／杵／蜂／鶏卵／滑海藻	蟹や猴が死ぬ。蟹の妻子や親族が猴に復讐する。	やっつけて殺した猴を蟹たちが食べる。
現代	猿／蟹（本人）／臼／杵／蜂／栗／牛の糞	蟹は死なず、自身が中心となって猿をこらしめる。蟹が死ぬ話もある。	蟹が猿をこらしめる。猿が反省し、蟹と仲良く暮らす。

桃太郎

作詞：不詳　作曲：岡野貞一

桃太郎さん　桃太郎さん
おこしにつけた　きびだんご
一つわたしに　くださいな

やりましょう　やりましょう
これからおにの　せいばつに
ついて行くなら　やりましょう

行きましょう　行きましょう
あなたについて　どこまでも
けらいになって　行きましょう

そりゃ進《すす》め　そりゃ進め
一度《ど》にせめて　せめやぶり
つぶしてしまえ　おにが島《しま》

おもしろい　おもしろい
残《のこ》らずおにを　せめふせて
ぶんどりものを　えんやらや

ばんばんざい　ばんばんざい
おともの犬や　さる　きじは
勇《いさ》んで車を　えんやらや

※童謡「桃太郎」は、江戸期の「桃太郎」と比べるときに活用することができます。

浦島《うらしま》太郎《たろう》

作詞・作曲：不詳

昔《むかし》昔　浦島は
助《たす》けたかめに連《つ》れられて
りゅうぐうじょうへ来てみれば
絵にもかけない美《うつく》しさ

おとひめ様《さま》のごちそうに
たいやひらめの　まいおどり
ただめずらしく　おもしろく
月日のたつのもゆめの中《うち》

遊《あそ》びにあきて気がついて
おいとまごいも　そこそこに
帰るとちゅうの楽しみは
みやげにもらった玉手ばこ

帰って見れば　こはいかに
もといた家も村もなく
道に行《ゆ》きあう人々は
顔も知らない者《もの》ばかり

心細さにふたとれば
あけてくやしき玉手ばこ
中からぱっと白けむり
たちまち太郎はおじいさん

※「浦島太郎」も、いくつかのバージョンが存在する昔話の一つです。例えば、最後の場面。よく知られたものは、竜宮城から帰った太郎が玉手箱を開けると、おじいさんになってしまうというものですが、『御伽草子《おとぎぞうし》』では、「箱を開けると紫の雲が立ち上り、太郎は年老いて、鶴になって空に飛んでいった」となっています。

三の巻

枕草子

――高学年

春はあけぼの。やうやう白くなりゆく山ぎは、すこしあかりて、紫だちたる雲のほそくたなびきたる。

『枕草子』を使った授業をご紹介しましょう
「をかし」を使って子どもたちに「翻作※」をさせます

古語を使った作文を小学生に書かせるの？
音読と暗唱だけで十分では？

※作品をもとにし、それをなぞったり変えたりしながら自分なりの表現をすること。

まず、子どもたちに「をかし」という言葉と出会わせます。
これはどんな意味かな
おかしい

「変」!!

「笑える」

「おもしろい」

「こわれている」

いい意味とわるい意味があるよ

「おかしい」の意味を
大人用の辞書で調べてみよう
こういう言葉が載っているよ
おかしい
文
をかし
どんな
意味かな?

「うつくしい」!?
うっそー!!!
国語辞典
「心ひかれる」?

「をかし」は
「おかしい」の元に
なった昔の
言葉なんだよ
へえーっ!?

「をかし」の
意味は
「おかしい」と
どう
違うのかな?
おかしい
文
をかし
「変」って
意味が
ない
昔は
いい意味だけ

このようにして「をかし」にはプラスイメージの意味しかないことに気づかせます。

ここで初めてプリントを配り、子どもたちを『枕草子』(春と夏のみ)の原文に出会わせます。

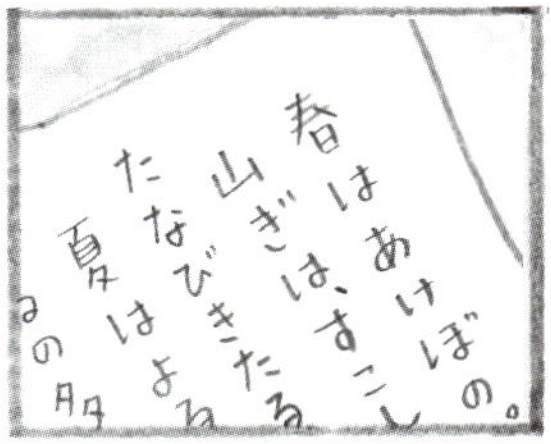
春はあけぼの。
山ぎは、すこし
たなびきたる
夏はよる

では
「をかし」が
たくさん
出てくる
文章を
読みます

子どもたちはのびのびと観賞し、共感します。
私だったら春はさくら！
ほたるもいいね
ぼくは、夏は花火！
「をかし」は「すばらしい」の意味で使われているね
ほんとだ
これ、続きがあるんじゃないの？
「秋は〇〇。」とか
次も時間帯がくるのかな？
続きを予想させることで表現に目を向けさせます。
じゃ秋冬も見てみよう
秋は夕暮。夕日の
さして山の端いと
近うなりたるに烏の
（訳）

「つとめて」って朝のことなの?
冬は早朝とかありえない〜

訳文だけではわからないことは写真などで説明します。

火桶
炭もてわたる

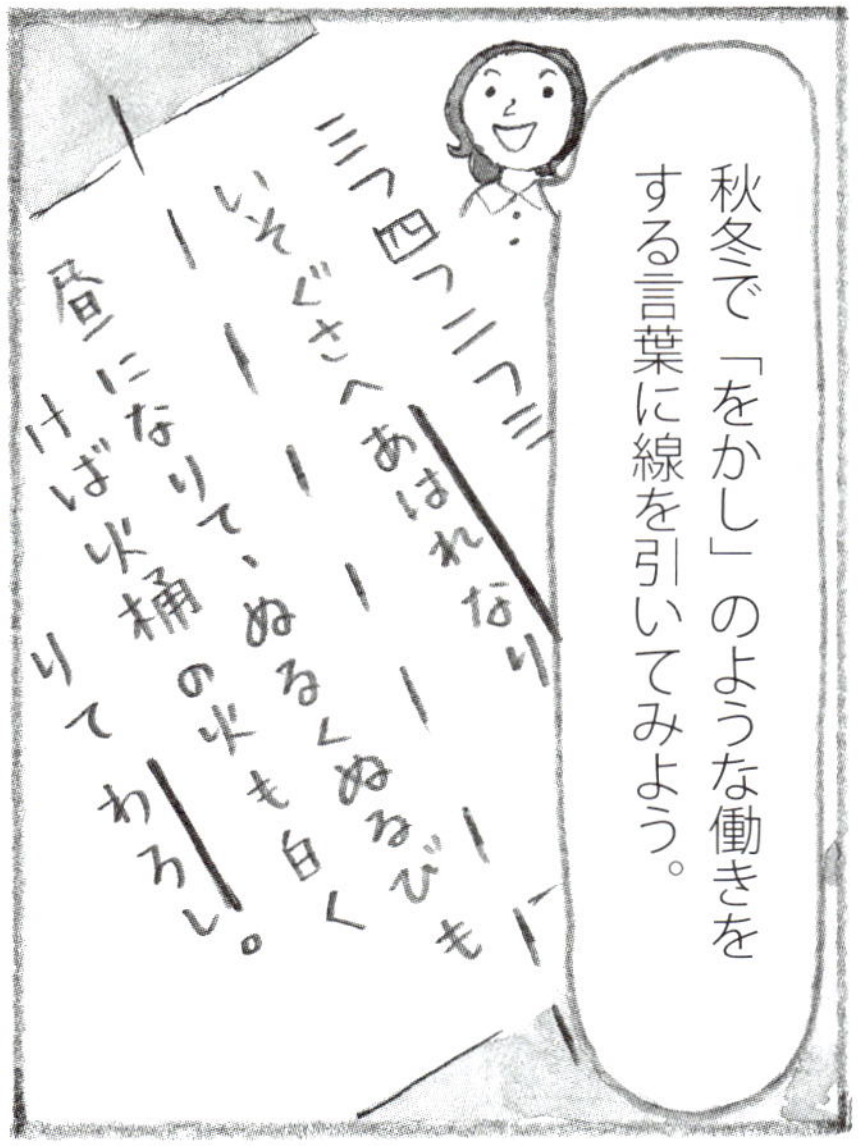
秋冬で「をかし」のような働きをする言葉に線を引いてみよう。
三つ四つ二つ三つ
いそぐさへあはれなり
昼になりて、ぬるくぬるびも
けば火桶の火も白く
りて わろし。

音読・暗唱は継続的に取り組みましょう。「自分だったら」という意識で季節のものに目を向け、味わえるようになります。

霜のいと白きもまたさらでもいと寒きに
「いと」って口ぐせかな?

文体の特徴を押さえたら翻作に入ります。

自分流『枕草子』を作ろう
何をまねしたら『枕草子』っぽくなるかな?
線を引いたプリントで確認してみよう

「をかし」を使う!
リズム!
「春は○○。」とか言い切りの形にする!
景色を入れる!

子どもたちが翻作しやすいように条件を絞ることがポイントです。

・「をかし」を使う
・「夏は○○。」ではじめる
5分で作ってね

▲春夏秋冬全て翻作すると大変なので、学習しているときの季節だけにしましょう。

夏は冷ぼう。いとすずしくてをかし。

最初はこれで十分です。

自分流『枕草子』できたかな？

できたー!!!

夏は昼。せみの音はいと美しくてをかし。夜になると音色だけであはれなり。

夏は冷ぼう。よくきいている部屋での昼ねはすずしくてをかし。急に切られるとイライラしてわろし。

翻作しながら作品を何度も読み返しますね
そうです 自分の感覚を昔風に表現することで、古典をぐっと身近に感じることができます

目ざしたいこと

学習のねらい：
音読や暗唱をすることによって、歴史的仮名遣いや古典の語句に慣れ親しみ、内容理解を深める。また、翻作することを通して、昔の人のものの見方、考え方にふれる。

それってつまり！

『枕草子』が千年もの間読み継がれてきたのは、清少納言独特のものの見方や考え方のおもしろさにあります。その中でも冒頭は、ものの見方に加え、情景描写の美しさ、リズムを生み出す文体の巧みさが際立っています。まずは、子どもたちにこの作品世界を存分に味わわせましょう。音読したり暗唱したりすることだけがねらいではありません。現代語訳を参考に、情景を頭の中に思い描きながら音読することが肝心です。内容を理解して音読を繰り返すことで、言葉の響きやリズムが身体にしみ入り、自然と暗唱してしまいます。

子どもたちの周りにも、現代の四季の美しさがあります。そして、それぞれ自分なりの「をかし」を感じる風景や行事をもっています。それらを清少納言の四季のとらえと照らし、「自分だったら」という思いを表現させます。「枕草子風」に表現させることで、文体の特徴や表現の工夫にも気づきます。

学習の流れ（全5時間）

①「おかしい」という言葉の意味を考え、「をかし」が語源であることから、『枕草子』に興味をもつ。

・「おかしい」を中心語にマッピングしながら、意味を整理する。
・国語辞典を引き、文語の「をかし」に気づかせる。

②『枕草子』第一段を読む。

・「春」と「夏」を音読し、歴史的仮名遣いを理解させ、書かれている内容を確かめる。
・続きを予想させた後、「秋」と「冬」を読み、内容をとらえさせる。

③「自分流・枕草子」を翻作する。

・「枕草子風」となるための、文体の特徴を指摘させる。
・自分なりの「季節を象徴するもの」を見つけ、指示した文体の条件を満たすようにして書かせる。

④作品を発表し、交流する。

意味やニュアンスの違いに気づいて楽しむ

「をかし」「あはれ」などの言葉は、現代語の「おかしい」「あわれ」と似ていますが、意味やニュアンスは違っています。ここでは、その「違い」に着目させることで、古典への興味を喚起します。

現代語の「おかしい」の意味には、「滑稽だ・笑いたくなる様子」といったプラスの意味と、「変だ」「疑わしい」といったマイナスの意味があります。大人用の国語辞典には、「おかしい」の項に「をかし」の解説も載っているものがあります。これに気づいた子どもたちは、「『をかし』はプラスの意味ばかりだ」「どのような物事を『をかし』と言うのだろう」「『をかし』文学・『枕草子』とある」と興味をもち始めます。このタイミングで「春はあけぼの」に出会わせると、自然と清少納言のものの見方や考え方に着目しながら読んでいきます。

また、「あはれ」も「かわいそう」という意味でないことに驚きます。「をかし」が「明るい情感やすっきりとしたおもむきがある様子」を表すのに対し、「あはれ」は「深く感動するさまやしめやかでしみじみした様子」を表します。

翻作のポイント

「翻作」とは、既存の作品をベースとして、構成や文体、書きぶりなどをまねて書く「まねっこ作文」です。翻作のポイントを三つに絞って説明しましょう。

❶元の作品の特徴をつかみ、整理する

作品の特徴をつかませるために、「『枕草子風』に書く」ことを意識させます。「どこをまねすれば『枕草子』らしくなるか」と問いかけ、季節の書きだし、「をかし」「あはれなり」などの文末表現、「いと」や「数字を重ねる」といった細かい表現など、特徴別に整理します。このように整理することで翻作しやすくなります。

❷まねすべき条件を明確にする

書くことが苦手な子どももいれば、特徴を多く取り入れることにばかり力を注ぎ、内容が薄くなる子どももいます。そこで、まねしなければならない条件を、子どもたちにはっきり伝えることが大切です。本実践では、「『夏は～（体言止め）』ではじめること」「『をかし』を使うこと」の二つだけに条件を絞り、他の特徴は内容に照らして加えてもよいこととしました。

❸内容を耕す

季節に関するステレオタイプの文章を書かせないことが肝心です。そのためには、今の季節についてだけ書かせることをおすすめします。今、実際に目にしている風物や生活の中のエピソードが土台となっているからこそ、実感を伴った作品が生まれます。また、「夏は花火」と書いた子どもに、それぞれがイメージしている花火について説明させると、線香花火や打ち上げ花火など違いのあることがわかります。すると、自分なりのイメージやエピソードを詳しく書こうとします。

枕草子《まくらのそうし》

清少納言《せいしょうなごん》

春はあけぼの。やう《よ》やう《よ》白くなりゆく山ぎは《わ》、すこしあかりて、紫《むらさき》だちたる雲のほそくたなびきたる。

夏は夜。月のころはさらなり、やみもなほ《お》、蛍《ほたる》の多く飛びちがひ《い》たる。また、ただ一つ二つなど、ほのかにうち光りて行くもを《お》かし。雨など降《ふ》るもを《お》かし。

秋は夕暮《ぐ》れ。夕日のさして山の端《は》いと近《ちか》う《こ》なりたるに、烏《からす》の寝《ね》どころへ行くとて、三《み》つ四《よ》つ、二つ三つなど、飛びいそぐさへ《え》あは《わ》れなり。まいて雁《かり》などのつらねたるが、いと小さく見ゆるはいとを《お》かし。日入り果てて、風の音、虫の音《ね》など、はた言ふ《う》べき

対訳

春は明け方。だんだん白くなっていく山ぎわの空が、少し明るくなって、紫がかった雲が細くたなびいているのがよい。

夏は夜。月のころは言うまでもないが、月のないやみ夜でも、蛍がたくさん飛びかっているのはよい。ただ一ぴき二ひきと、かすかに光りながら飛んでいくのもおもむきがある。雨などが降るのもよいものだ。

秋は夕暮れ。夕日が差して山の端《はし》にとても近づいたころに、烏がねぐらへ行くというので、三、四羽、二、三羽などと飛び急ぐことまでもしみじみとしたものを感じさせる。まして、雁などが列を作っているのが、たいそう小さく見えるのはたいへんおもしろい。日がすっかりしずんでしまって、風の音、虫の音など（がするのも）、これもまた、言いようもない（ほどおもむき深い）。

冬は早朝。雪が降っているのは、言うまでもない。霜が真っ白なのも、またそうでなくても、たいそう寒いときに、火などを急いでおこして、炭を持って（ろうかなどを）通って

にあらず。

冬はつとめて。雪の降りたるは言ふ（う）べきにもあらず、霜《しも》のいと白きも、またさらでもいと寒きに、火などいそぎおこして、炭もて渡《わた》るも、いとつきづきし。昼になりて、ぬるくゆるびもていけば、火桶《ひをけ》（お）の火も白き灰がちになりてわろし。

（第一段）


いくのも、たいへん似つかわしい。昼になって、（寒さが）だんだんゆるんでいくと、火桶の火が白い灰ばかりになって、好ましくない。

■書き方による分類

『枕草子』は、全部でおよそ三百の章段（まとまり）から成っています。その内容は、文章の書き方によって三つの種類に分けられます。

分類	特徴	内容	主な章段
類聚《るいじゅう》的章段	一つのテーマで似ているものを集めて印象を書いている。類聚とは、同じ種類のものを集めること。	自然や身の回りの出来事など。	「虫は」「うつくしきもの」など。「……もの」や「……は」という言葉で始まることが多い。
随想的章段	自然や身の回りのことについて、折にふれて思いうかべたこと（随想）を書いている。	自然や身の回りの出来事など。	「春はあけぼの」「月のいと明きに」など。
日記的章段	日々の出来事を日記風に書いている。	宮廷生活の様子、中宮定子《ちゅうぐうていし》や貴族たちとのやり取りなど。	「中納言まゐりたまひて」など。

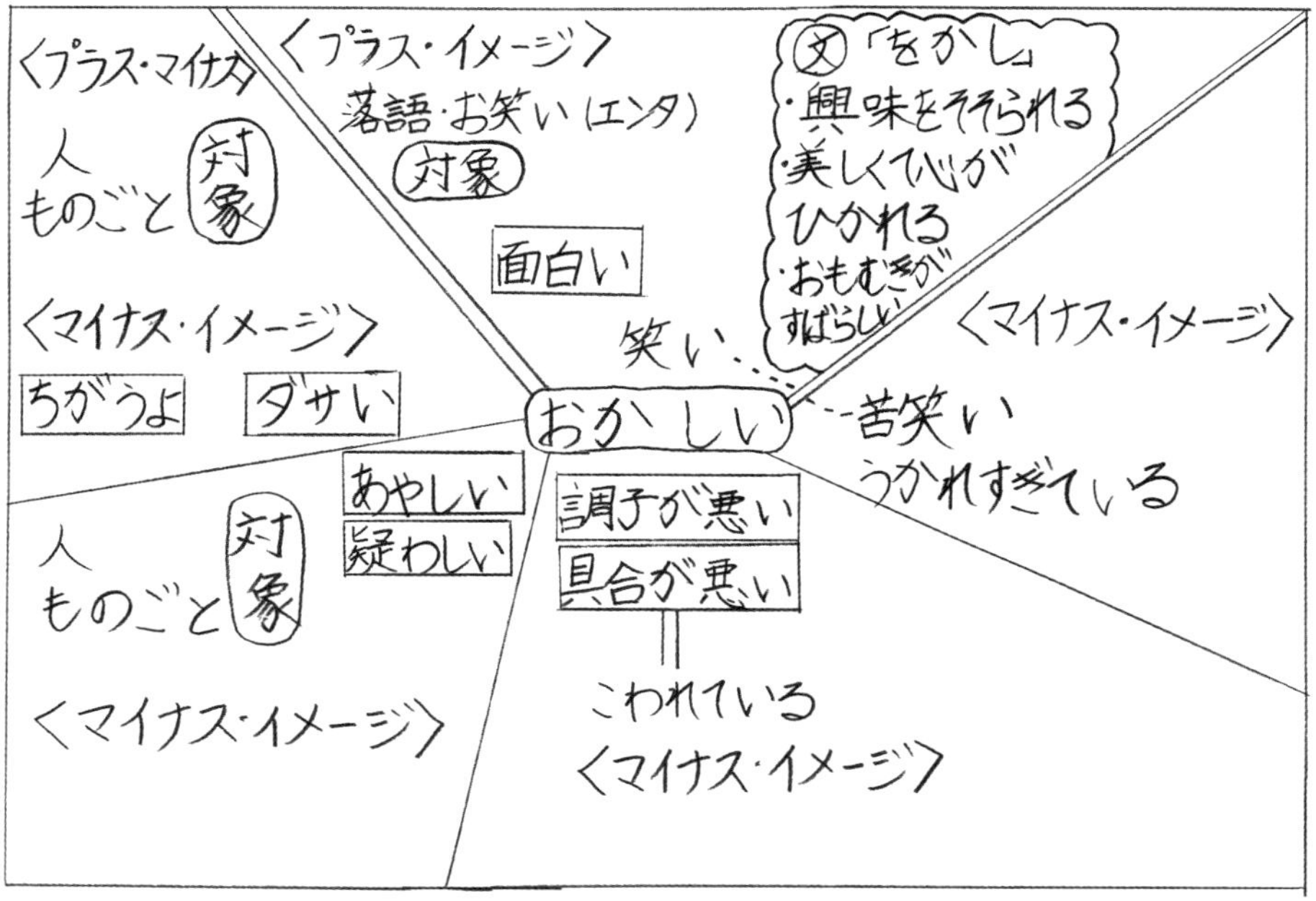
〈プラス・マイナス〉
人
ものごと
対象
〈プラス・イメージ〉
落語・お笑い（エンタ）
対象
面白い
文「をかし」
・興味をそそられる
・美しくて心がひかれる
・おもむきがすばらしい
笑い
〈マイナス・イメージ〉
ちがうよ
ダサい
おかしい
苦笑い
うかれすぎている
〈マイナス・イメージ〉
あやしい
疑わしい
人
ものごと
対象
調子が悪い
具合が悪い
こわれている
〈マイナス・イメージ〉
〈マイナス・イメージ〉

〈児童作成の「おかしい」意味マップ〉

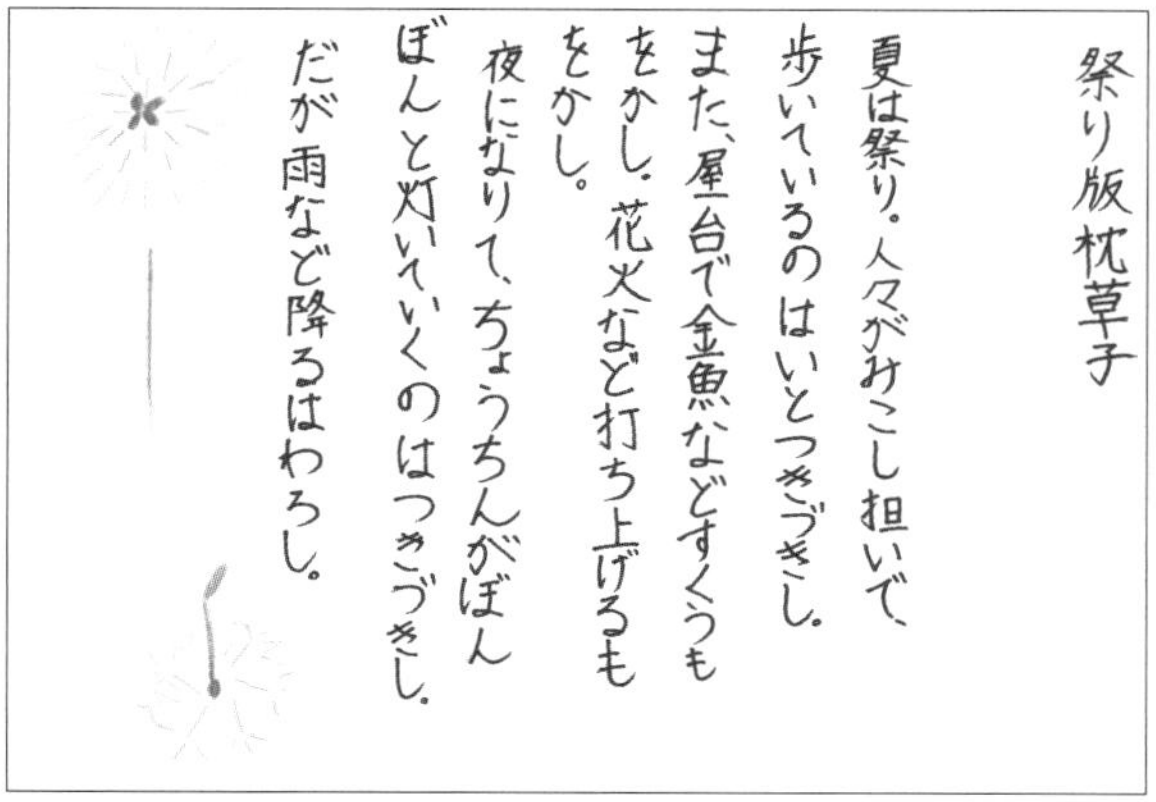
祭り版枕草子
夏は祭り。人々がみこし担いで
歩いているのはいとつきづきし。
また、屋台で金魚などすくうも
をかし。花火など打ち上げるも
をかし。
夜になりて、ちょうちんがぼん
ぼんと灯いていくのはつきづきし。
だが雨など降るはわろし。

夏は夕立
強き雨足の音に聞きいるは、いと
すずしげなり。雨ふりおわりて
空に虹がかかるは、をかし。
傘持ち忘れびしょぬれになるは、
わろし。

〈児童作「自分流・枕草子」〉

枕草子《まくらのそうし》【ものづくし】

うつくしきもの

うつくしきもの　瓜《うり》にかきたるちごの顔。雀《すずめ》の子のねず鳴きするにを《(お)》どり来る。二つ三《み》つばかりなるちごの、いそぎてはひ《(い)》来る道に、いと小さき塵《ちり》のありけるを、目ざとに見つけて、いとをかしげなる指《および》にとらへ《(え)》て、大人ごとに見せたる、いとうつくし。頭《かしら》はあまそぎなるちごの、目に髪《かみ》のおほへ《(おえ)》るを、かきはやらで、うちかたぶきて物など見たるも、うつくし。

……

鶏《にわとり》の雛《ひな》の、足高《あしだか》に、白うを《(お)》かしげに、衣短《きぬみじか》なるさまして、ひよひよとかしがましう《(しゅう)》鳴きて、人の後先《しりさき》に立ちてありくもを《(お)》かし。また親の、ともに連れて立ちて走る

対訳

かわいらしいもの　瓜にかいた幼《おさな》い子どもの顔。すずめの子が、(人が) ねずみの鳴きまねをして呼ぶと、おどるようにして出てくる(様子)。二、三才ぐらいの幼い子どもが、急いではいはいしてくるとちゅうに、とても小さいごみがあるのを、目ざとく見つけて、とてもかわいらしい指でつまんで、大人たちに見せるのも、とてもかわいらしい。髪をあまそぎ(おかっぱ)にした幼い女の子が、目に髪がかかったのを、かき上げもしないで、顔をかしげて物を見ているのも、かわいらしい。

……

にわとりのひなが、長い足をして、白く愛らしい様子で、着物を短く着たようなかっこうで、ぴよぴよとやかましく鳴いて、人の後ろや先に立って歩き回るのも、おもしろい。また、親鳥がいっしょに連れ立って走る様子も、みなかわいらしい。か

も、みなうつくし。かりのこ。瑠璃《るり》の壺《つぼ》。

（第百四十五段）

にくきもの

にくきもの　いそぐ事《こと》あるを《（お）》りに来て、長言《ながごと》するまらう《（ろ）》ど。あなづりやすき人ならば、「後《のち》に」とてもやりつべけれど、心はづ《（ず）》かしき人、いとにくくむつかし。

硯《すずり》に髪《かみ》の入りて磨《す》られたる。また、墨《すみ》の中に、石のきしきしときしみ鳴りたる。

……

（第二十六段）

るがもの卵《たまご》。ガラスのつぼ。

にくらしいもの　急いでいるときにやって来て、長話をするお客。軽くあつかってもいい人なら「あとで」などと言って帰してしまえるが、気のおける立派《りっぱ》な人のときは、（そうもできず）ひどくにくらしく困《こま》ってしまう。

硯に髪の毛が入っているのを知らずに墨をすったとき。また、墨の中に石が混《ま》じっていて、（するたびに）きしきしきしんで鳴っているのも、不ゆかいである。

※翻作の活動をさせるとき、『枕草子』の「ものづくし」を使うこともおすすめします。今の言葉と同じであっても、使われている意味や感覚が違うことに気づかせるとよいでしょう。

平家物語
――高学年

四の巻

祇園精舎の鐘の声、
諸行無常の響きあり。
沙羅双樹の花の色、
盛者必衰の理をあらはす。
おごれる人も久しからず、
ただ春の夜の夢のごとし。
たけき者もつひには滅びぬ、
ひとへに風の前の塵に同じ。

古典は、リズムが
よくても、中身が難しい
ものがあります
子どもは
歴史的な背景を
知りません
意味がわからない
ので、やる気が
でないようです
そうですね
では、補助資料を活用した
『平家物語』の授業を紹介
します

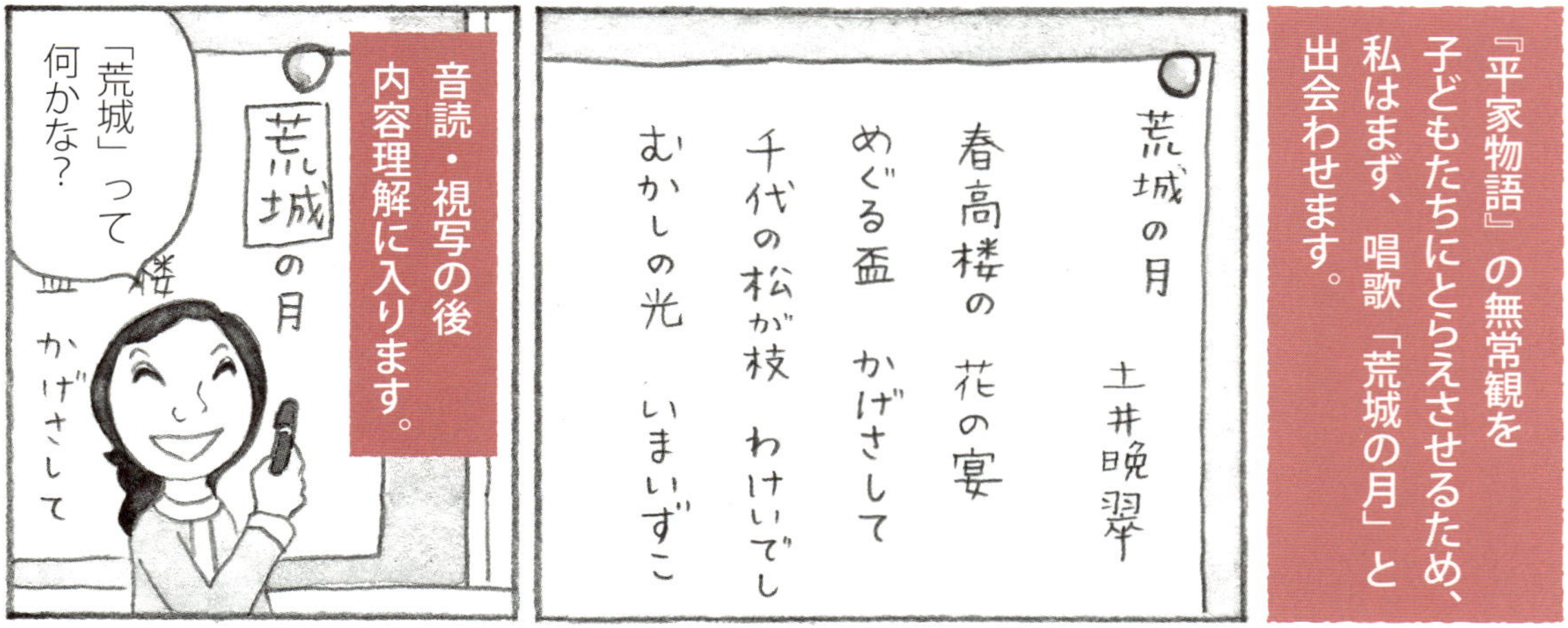
『平家物語』の無常観を
子どもたちにとらえさせるため、
私はまず、唱歌「荒城の月」と
出会わせます。
荒城の月
土井晩翠
春高楼の　花の宴
めぐる盃　かげさして
千代の松が枝　わけいでし
むかしの光　いまいずこ
音読・視写の後
内容理解に入ります。
荒城の月
「荒城」って
何かな？

荒れた城！
昔は人が住んでいたけど今は住んでいない！
この「かげ」はどんな意味かな辞書で調べてみよう
めぐる盃 かげさして
「日・月・電灯などの光」だって
明るくても「かげ」なんだ
この「かげ」は光と影のどっちだろう？
春高楼の 花の
めぐる盃 かげさして
千代の松が枝 わけいでし
光
暗
月の光がうつっているんだ！
光だ！

このようにして、第一連から第四連まで丁寧に学習していくと子どもたちは『平家物語』に通じる世界観を感じ取ることができます。

模造紙に書き込んでおくと後で振り返ることができます。

そしていよいよ『平家物語』の学習に入ります。初めに、訳の付いたプリントを配り、教師が範読します。

平家物語
荒城の月
「荒城の月」は明治時代の歌だけど、これから八百年以上前につくられたお話を読みます

「栄」や「衰」が荒城の月と同じだ！

これは戦いのお話じゃない？
最初にテーマを言い切っちゃってるんだ！

作品の背景や難しい言葉は資料を使って補います。

『平家物語』は栄えていた平家が滅びるまでのお話です
資料
平家物語

これが沙羅双樹だよ
祇園精舎
沙羅双樹
「荒城の月」を学習した子どもたちは、観念的な『平家物語』の冒頭の意味をつかみ、スムーズに音読へと入っていきます。
ぎおん しょうじゃの かねのこえ しょぎょう むじょうの ひびきあり
琵琶奏者が弾き語りをしている姿の映像を活用すると効果的です。
ぎお〜〜〜ん
歌ってるみたい！
おお〜〜〜っ
おおっ!!!
じゃもう一度音読してみよう
ぎお〜〜〜お〜〜〜 おおおお〜〜〜ん
しょ〜〜〜おお じゃ〜〜〜
春の夜の夢のごとし
おごれる人もひさしからず

この後は暗唱をさせます。

ぎおん……
かねのこえ……
ひびきあり……

授業の最初に十分ほど発表する時間を設けて継続的に指導するといいでしょう。

しゃらそうじゅのえーーっと……
?
!

『平家物語』の前に「荒城の月」を学習することで、時代が違っても人の営みには共通点があり、それが現代へとつながっていることを感じ取ることができます。

政権交代
おごれる者は久しからず
閉店
むかしの光いまいずこ

補助資料を活用すると、興味・関心を引くことができますね
意味を理解すると、自然に音読にも深みが出ます

目ざしたいこと

学習のねらい：
音読・暗唱することや、唱歌や資料とつなげて考えることによって内容理解を深め、歴史的仮名遣いや古典のリズムに慣れ親しむ。

それってつまり！

『平家物語』の冒頭は、音読・暗唱の定番教材ですが、内容は難しく、現代語訳を参考にしただけでは「無常観」など理解できません。そのうえ、高学年は低学年と違い、意味もわからず音読することに抵抗を感じるので、ただ音読や暗唱だけを目的とするのには向いていません。そこで、意味の理解を助けるために、似たテーマ性をもつ文語詩「荒城の月」と組み合わせたり、背景などの補足説明に映像資料を活用したりします。

「荒城の月」はテーマが似ていることに加え、七五調でリズムもよく、技法の学習にも適しています。題名や「昔の光いまいずこ」「栄枯は移る世の姿」などの歌詞、昔と今の対比から、「栄えていてもいつかは滅び、栄え続けることはない」「ずっと同じ状態が続くことはない」というテーマに迫らせます。そのうえで、『平家物語』の冒頭に出会わせると、内容がスムーズに理解できます。時代も話のモチーフも全く違うにも関わらず、テーマが同じことから、人の営みというものは時代を超え脈々とつながっていることを子どもなりに感じ取ります。

学習の流れ（全3時間）

①唱歌「荒城の月」を音読・視写し、内容をとらえる。

・歌詞を一連ずつ提示しながら音読・視写させる。わからない言葉は辞書を使って調べ、内容を理解させる。
・『平家物語』の無常観へとつながるよう、「今と昔」「栄枯盛衰」など対比的に表現されている言葉や事柄を押さえる。

②『平家物語』の冒頭を音読し、内容をとらえる。

・辞書で言葉の意味を調べさせたり、資料を参考にさせたり、歴史的背景の補説を加えたりするなどして、内容を理解させる。
・琵琶奏者の演奏や映像を視聴させる。

③意味や背景を考えながら、音読・暗唱する。

・冒頭部分を暗唱させる。（継続的に指導）

普遍のテーマ

『平家物語』は鎌倉時代中期に成立したといわれています。琵琶法師によって語り伝えられた口承文学でもあるため、リズムのよい文体が特徴です。書きだしの部分に、作品全体のテーマである「無常観」が仏教の言葉を使って述べられています。

いっぽう、「荒城の月」は、明治期に土井晩翠《どいばんすい》によって作られ、さらに滝廉太郎《たきれんたろう》（作曲）と山田耕筰《やまだこうさく》（編曲）の手によって誰もが知る唱歌となりました。この歌のモデルは仙台の青葉城または会津若松の鶴ヶ城など諸説ありますが、平家と異なる時代であることは、明白です。第一、二連で、春と秋、平和なときと戦のときが対比的に表現されています。第四連では、「天井影は替《かわ》らねど／栄枯は移る世の姿」と、『平家物語』の無常観へとつながる「人の世の栄枯盛衰のはかなさ」をダイレクトに歌っています。第三連からは、芭蕉《ばしょう》の「夏草や兵どもが夢の跡」も連想できます。「国破れて山河あり」ではじまる杜甫《とほ》の「春望」なども思い起こされます。時代や国を超えた普遍のテーマといえます。

映像資料の活用

『平家物語』のような軍記物語では、内容を理解するのに、時代的・社会的背景などの補足説明が必要となります。特に、社会科で歴史を学習する前の子どもたちにとっては、必要最低限の情報をわかりやすく提示しなければなりません。

そこで活用したいのが映像資料です。「伝統的な言語文化」に関する映像資料には、ＤＶＤやデジタル教材などさまざまなものがあります。これらは、映像と合わせて解説されているため、小学生でも歴史的な背景を理解しやすくなっています。また、数分にまとめられているため、授業の中で使いやすくなっています。

本実践では、『平家物語』の概略解説と、琵琶奏者による冒頭部分の語りの映像を見せました。琵琶という楽器とその音色、そして琵琶に合わせて語る様子は、まさに百聞は一見にしかず。琵琶の音色と共に、一つずつ音を伸ばしながら力強く語る姿を見て、それまでリズムの勢いに乗って早口だった子どもたちの音読が変わりました。一つ一つの言葉を大切にし、ゆったりと語るようになりました。これも映像資料の効果です。

一般的に、映像資料を活用する際には、いつ、どのように見せるかをしっかり計画することが大事です。授業（単元）の導入段階で見せるのと、まとめで見せるのとでは、資料活用のねらいが違ってきます。学習者自身にどのような目的意識をもたせて見せるのか、子どもへの言葉がけも含めて吟味する必要があります。

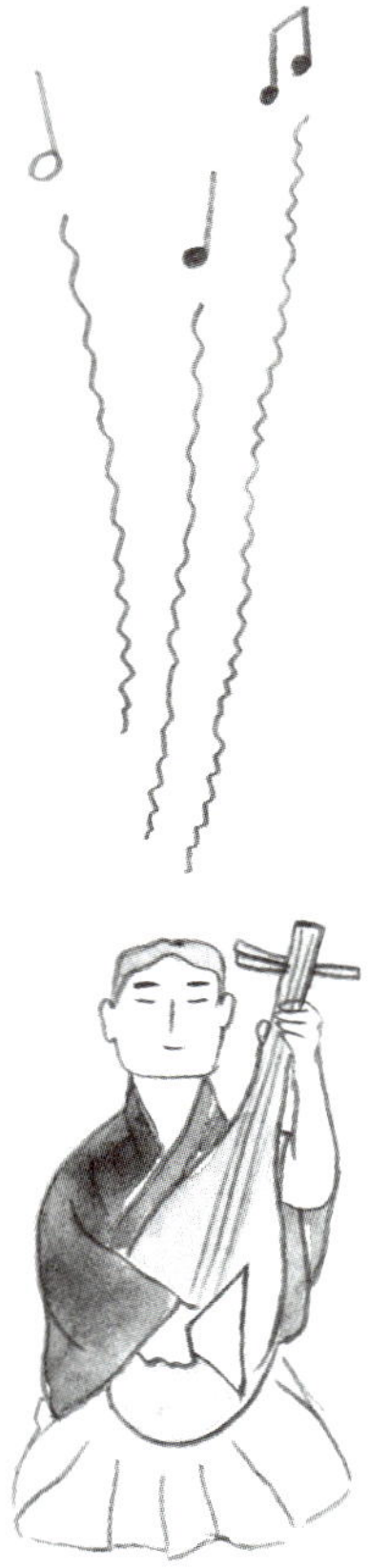

平家物語《へいけ》

祇園精舎《ぎおんしょうじゃ》の鐘《かね》の声、
諸行無常《しょぎょうむじょう》の響《ひび》きあり。
沙羅双樹《しゃらそうじゅ》の花の色、
盛者必衰《じょうしゃひっすい》の理《ことわり》をあらは《(わ)》す。
おごれる人も久《ひさ》しからず、
ただ春の夜《よ》の夢《ゆめ》のごとし。
たけき者もつひ《(い)》には滅《ほろ》びぬ、
ひとへ《(え)》に風の前の塵《ちり》に同じ。

対訳

祇園精舎の鐘の音は、「全ての物事は移《うつ》り変わる」ということを人に思い起こさせる響きがある。沙羅双樹の花の姿《すがた》は、勢《いきお》いのさかんな者もいつかはおとろえるという道理を示している。おごり高ぶる人も長くは続かず、ただ春の夜の夢のようにはかない。強い者も最後には滅びる。まさに風にふき飛ぶ塵と同じである。

祇園精舎

釈迦《しゃか》（仏教《ぶっきょう》を開いた人）のために建てられたインドにあった寺の名前。

諸行無常

この世の全てのものは、絶《た》えず移り変わり、永遠《えいえん》に変わらないものは何もない、という仏教の考え方。

沙羅双樹

沙羅は常緑《じょうりょく》で、高く生長する木。釈迦がなくなった場所の四方に二本ずつ植えられていた。釈迦がなくなったときに、花がかれて真っ白になったといわれる。

荒城《こうじょう》の月

作詞：土井晩翠《どいばんすい》　作曲：滝廉太郎

春高楼《こうろう》の花の宴《えん》
めぐる盃《さかずき》かげさして
千代《ちよ》の松が枝《え》わけいでし
むかしの光いまいずこ

秋陣営《じんえい》の霜《しも》の色
鳴きゆく雁《かり》の数見せて
植《う》うるつるぎに照りそひし
むかしの光いまいずこ

いま荒城のよわの月
替《かわ》らぬ光たがためぞ
垣《かき》に残るはただかづら
松に歌うはただあらし

天上影《てんじょうかげ》は替《かわ》らねど
栄枯《えいこ》は移《うつ》る世の姿《すがた》
写さんとてか今もなお
鳴呼《ああ》荒城のよわの月

豆知識

『平家物語』基礎知識

『平家物語』は、平家一門の栄枯盛衰を描いた軍記物語。平清盛をはじめとする平家一族が、やがて源頼朝や源義経を中心とする源氏一族との戦いに敗れて滅んでいくさまを描いたもの。「無常観」(永久不変のものはないとする考え方)で全編が貫かれている。

成立年代は、十三世紀半ば(鎌倉時代)といわれている。作者についてはさまざまな説があるが、いろいろな人によって書かれ、それが世に広がっていくにつれて、さらにいろいろな人の手が加えられたのであろうという説が有力なようだ。

文体は、漢語を多く用いた和漢混交文で、また「(矢を)よつ引いてひやうと放つ」などのような、擬音語・擬態語を用いたリズム感あふれる書きぶりに特徴がある。これは『平家物語』が読み物としてばかりでなく、琵琶法師とよばれる人々による「語り」で伝えられたものであることの証明ともいえよう。通常十二巻プラス「灌頂《かんじょう》の巻」の構成とされる。

『平家物語』のあらすじ

平清盛が太政大臣になり権力を握る(一一六七年)と、娘を天皇に嫁がせ、息子たちを朝廷の要職につけて、平家一門は絶大な勢力を誇るようになった。しかし、そのあまりのおごりぶりに、人々は平家に対する反感を抱くようになる。やがて源頼朝、源(木曾)義仲が相次いで兵を挙げ、源平の戦いが始まる。そのような混乱の中、清盛は熱病にかかって死ぬ。

清盛の死後、木曾義仲は平家を破って都へと迫り、平家一門は都落ちをする。しかし、平家を追い出して都に入った義仲は次第に横暴になり、源頼朝と対立する。そして粟津の戦いで、頼朝の命を受けた源義経(頼朝の弟)らの軍に破れ、討ち死にする。

その後、義経は、平家を一の谷の戦い、屋島の戦いで破り、壇の浦の戦い(一一八五年)でついに滅亡させた。しかし義経は兄頼朝に憎まれ、都を追われて奥州に向かう。

壇の浦で入水したものの救助された徳子（建礼門院）は、出家して大原の寂光院に住み、平家一門の冥福を祈る。そのもとに、後白河法皇が訪れたという話が別巻で伝えられ、建礼門院の死（一二一三年?）で物語は終わる。

平家物語 ―扇《おうぎ》の的

語り手

ころは二月《にんぐわつ（がつ）》十八日の酉《とり》の刻《こく》ばかりのことなるに、をり《(お)》ふし北風激《はげ》しくて、磯《いそ》打つ波も高かりけり。舟《ふね》は、揺《ゆ》り上げ揺りすゑ《(え)》漂《ただよ》へ《(え)》ば、扇もくしに定まらずひらめいたり。沖《おき》には平家、舟を一面に並《なら》べて見物す。陸《くが》には源氏《げんじ》、くつばみを並べてこれを見る。いづ《(ず)》れもいづ《(ず)》れも晴《は》れならずといふ《(う)》

●音読台本を作ろう

『平家物語』の「屋島《やしま》の戦い」の場面です。言葉の意味や場面の様子を想像《ぞう》しながら、どのように音読すればよいかを考え、自分で考えた音読記号などを台本に書き込《こ》んでいきます。複《ふく》数の人で分担《たん》しながら音読をする方法もあります。

対訳

二月十八日の午後六時ごろのことであったが、ちょうど北風が激しくふいて、岸を打つ波も高かった。舟は上下にゆれ動いているので、舟の上にさおを立てて、その先に結び付けた扇も、同じようにゆらゆらと不安定にゆれている。

海の上では、平家が一面に舟を並べて見物している。陸《りく》では味方の源氏が、くつわ（馬の口につける金具）を並べて、この様子を見守っている。どちらを見ても、とても晴れがましい情景《じょう》である。

ことぞなき。

与一

与一《よいち》目をふさいで、

「南《な》無《む》八幡大菩薩《はちまんだいぼさつ》、我《わ》が国の神明《しんめい》、日光《にっくわう(にっこう)》の権現《ごんげん》、宇都宮《うつのみや》、那須《なす》の湯泉《ゆぜん》大明神《だいみやう(みょう)じん》、願《(わ)》はくは、あの扇のまん中射《なかい》させてたばせたまへ《(え)》。これを射損《そん》ずるものならば、弓切り折り自害《じがい》して、人に二度面《ふたたびおもて》を向かふ《(こう)》べからず。いま一度《いちど》本国へ迎《むか》へ《(え)》んとおぼしめさば、この矢はづ《(ず)》させたまふ《(もう)》な。」

語り手

と心のうちに祈念《きねん》して、目を見開いたれば、風も少し吹《ふ》き弱り、扇も射よげにぞなつ《(なっ)》たりける。

与一、かぶらを取つ《(とっ)》てつがひ《(い)》、よつ《(よっ)》ぴいてひやう《(ひょう)》ど放つ。

与一《よいち》は目を閉《と》じて、

「南無八幡大菩薩、私《わたし》のふるさとの神である、日光の権現、宇都宮大明神、那須の湯泉大明神、どうかあの扇の真ん中を射させてください。もしこれを失敗すれば、弓を折って、腹《はら》をかき切って、再《ふたた》び人に顔を合わせることはできません。もう一度ふるさとに帰してやろうとお思いでしたら、この矢を外させないでください。」

と心の中で深く念じて、かっと目を見開いた。すると、風も少し収《おさ》まり、扇も射やすそうになっていた。

与一はかぶら矢を取って、弓のつるにあてがい、十分に引きしぼってひょうと放った。

季節の童謡・唱歌

五の巻

―中学年

鯉のぼり

甍の波と　雲の波
重なる波の　中空を
橘かおる　朝風に
高く泳ぐや　鯉のぼり

季節の言葉や文語、日本語のリズムに慣れ親しむために私は童謡・唱歌にふれさせることをおすすめします

「こいのぼり」の歌を知っているかな？
知ってる！
屋根より高いこいのぼり〜

「こいのぼり」の一番を板書します。全部ひらがなで書くのがポイントです。

みんなノートに写してください
いらかのなみと くものなみ
かさなるなみの なかぞらを
たちばなかおる あさかぜに
たかくおよぐや こいのぼり
何これ？
知らない「こいのぼり」だ
七文字と五文字でそろってる！

言葉の意味を丁寧に確認していくようにします。読み解くおもしろさを味わわせましょう。

「いらか」って何だろう？辞書を引いてください
やね、がわら？
続けて読むんだよ

やねがわら？
説明できる人はいるかな？
「かわら」もわからないか
屋根の四角いタイルみたいなところ？
ああっー！ここが波みたいに見えるんだ！

歌詞を絵に描き、それを使って説明させることで歌の世界を具体的にイメージさせます。

ひらがなを漢字に直すことでさらにイメージしやすくなります。

わかるところを漢字に直してみよう
波
いらかのなみと
雲　波
くものなみ
波
かさなるなみの
中空
なかぞらを
立花
たちばなかおる
朝風
あさかぜに
高泳
たかくおよぐや
こいのぼり
これでOKですか？

雲の波だから雲は一つじゃないよ
波ができるってことは雲が重なってる！
「なかぞら」はどこのことかな

わたしはここだと思います
じゃあ、こんな感じかな
「たちばな」って何かな? 立花さんという人ではありませんよ
辞書で引いてみよう
「橘」って漢字だ 五月に咲くみかんの花の仲間だって!
こいのぼりの季節にぴったりだ
こういうことかな?
「あさかぜ」が香りを運ぶから木はもっと遠くにあると思う

プリントを配り
歌を聴かせ
二番、三番の意味を
確認していきます。

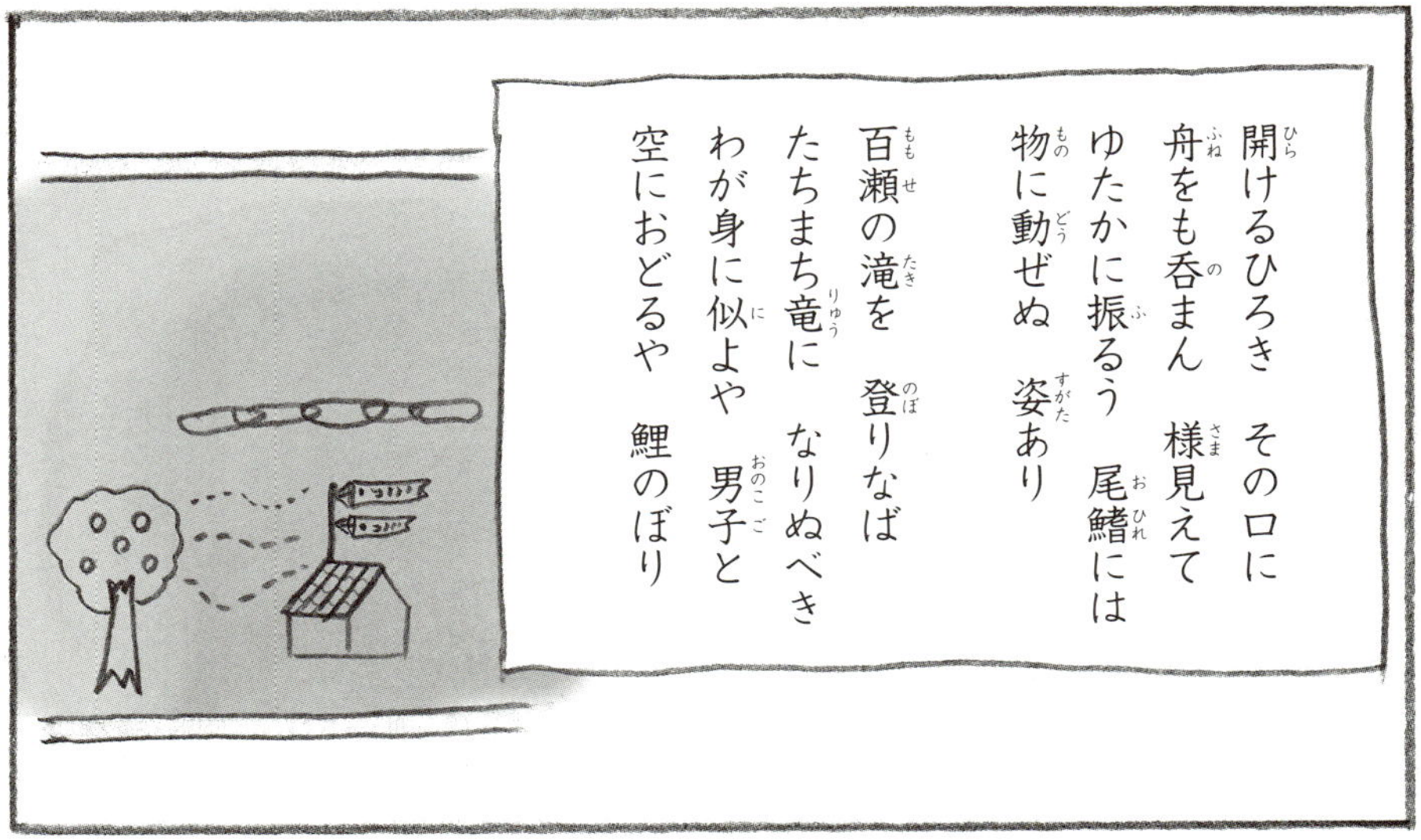
開《ひら》けるひろき　その口に
舟《ふね》をも呑《の》まん　様《さま》見えて
ゆたかに振《ふ》るう　尾鰭《おひれ》には
物《もの》に動《どう》ぜぬ　姿《すがた》あり
百瀬《ももせ》の滝《たき》を　登《のぼ》りなば
たちまち竜《りゅう》に　なりぬべき
わが身に似《に》よや　男子《おのこご》と
空におどるや　鯉のぼり

最初は意味を教え込まず、
子どもたちに自由に考えさせ、
進めていきましょう。

「開けるひろき　その口に」は、こいのぼりを見ている人が口を大きく開けてかしわもちを食べているところ！

「尾鰭」って書いてあるよ
人魚？
口を開けているのはこいのぼりじゃないの？

ここのことだよ
舟をのみこみそうなほど大きな口を開けているんだ
ああ〜っ

意味の取り違いは、矛盾するところが出てくるので気づきます。

「竜になる」ってどういうこと?

補助的な知識は教師が支援します。

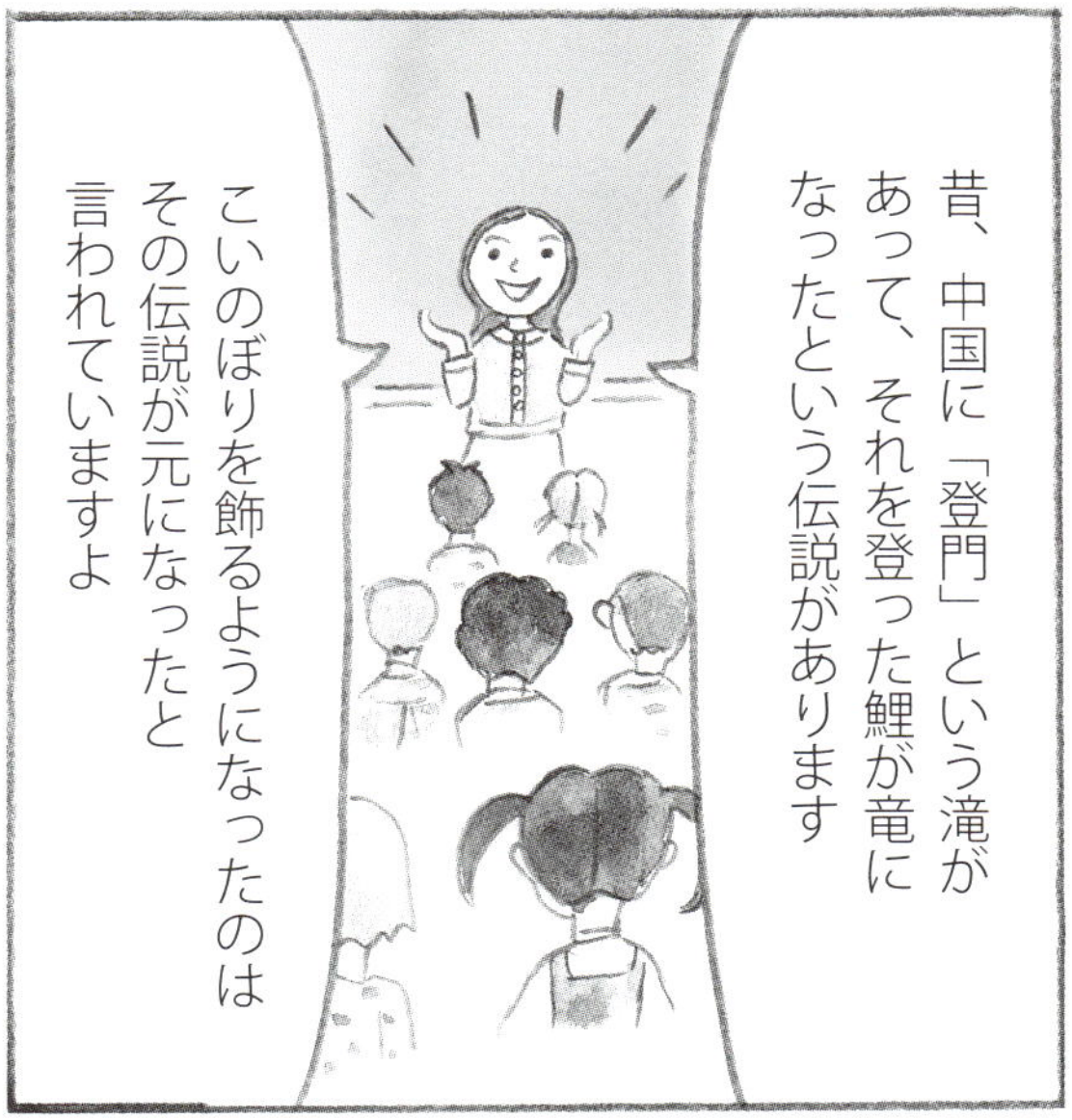
昔、中国に「登門」という滝があって、それを登った鯉が竜になったという伝説があります
こいのぼりを飾るようになったのはその伝説が元になったと言われていますよ

童謡や唱歌を素材として文語にふれさせ、短歌や俳句の学習へとつなげるのもいいでしょう
他の童謡や唱歌でも、いろいろな授業ができそうですね

目ざしたいこと

学習のねらい：
童謡・唱歌にうたわれている季節や情景をイメージしながら音読し、日本語のリズムを味わう。

それってつまり！

今の子どもたちは、童謡・唱歌にあまりなじみがありません。加えて、季節の言葉に乏しいという実態があります。だからこそ、季節の行事や風物、情景をうたった童謡・唱歌は、季節の言葉にふれさせる学習材として適しています。また、文語的な言い回しに慣れさせることもできます。歌詞の内容を絵に描きながら説明させることで、イメージや理解を確かなものとしたり、より深く味わわせたりします。

童謡・唱歌の歌詞はどれも音数が調っているので、音読したり、メロディーに合わせて歌ったりしながら、リズムを自然に体得させるようにしましょう。同じ歌を両親や祖父母も知っていることから、歌い継がれてきた「文化」を感じさせることもできます。

季節ごとに、その季節の童謡・唱歌を継続的に扱うことをおすすめします。ここでの学びは、短歌や俳句の学習につながります。

学習の流れ（全2時間）

① 唱歌「鯉のぼり」の歌詞の季節や情景を理解する。

・一番の歌詞を全部平仮名で板書し、視写させる。
・季節や情景など、内容を考えながら絵で表現させたり、平仮名で書かれた歌詞を漢字に直させたり、意味のわからない言葉は辞書で確かめさせたりする。
・七五調であることがリズムを生み出していることを押さえる。
・漢字、仮名交じりで表記した二番、三番の内容をとらえながら、文語的な言い回しに慣れさせる。
・端午の節句は中国から伝わってきたものであることを知らせ、由来話や他の節句にも興味をもたせる。
・季節や情景をイメージしながら音読したり、歌ったりする。

② 季節や情景など歌詞の内容をイメージし、リズムのよさを味わいながら音読する。

・「鯉のぼり」以外の夏の童謡・唱歌も紹介し、音読したり、歌ったりする。

プラスα 季節ごとに、その季節に適した童謡・唱歌にふれる。

古典が好きになるワンポイント

ストーリー性のある童謡・唱歌から

童謡・唱歌は、歌詞の内容によって、ストーリー性のあるタイプと、風景や様子を説明しているタイプとに大別することができます。

前者のタイプの代表が「鯉のぼり」です。一番から三番まで、歌詞がストーリー仕立てとなっています。また、一番の歌詞に限っても、頭の中で映像化してみると、家の屋根、雲の様子、朝風に吹かれて泳ぐ鯉のぼりと、動きのあるカメラワークとなっています。授業では、歌詞を絵に描かせ、説明させながら内容を確かめていきます。「ふるさと」や「赤とんぼ」は、回顧型のストーリータイプです。回想している語り手になって、歌の世界を散文化（文章化）させるのに適しています。

反対に、「夏は来ぬ」や「冬景色」などの風景のタイプは、子どもにとって難しいようです。特に、今やすっかり見かけなくなってしまった里山の風景をうたったものについては、経験がないのでなかなかイメージできません。

初めは、絵に描いたり、子どもが内容をとらえたりしやすい、ストーリータイプの童謡・唱歌から出会わせるとよいでしょう。

歌で感じるリズムと文語的表現

童謡・唱歌のいちばんの特徴は、メロディーがついていることです。メロディーがついていることによって三つの効果があります。

一つ目は、音数がそろっていることから生まれるリズムです。メロディーに乗せるためには、音数を調えなくてはなりません。これが「リズムのよさ」を生み出します。リズムと音数の関係に気づかせるためにも、「鯉のぼり」の授業では、一番の歌詞を全て平仮名で板書しました。平仮名にすると、七音五音がきれいにそろっていることが一目瞭然です。子どもは「音数」と「文字数」とを混同しやすいので、その違いをはっきり押さえます。

二つ目は、内容を理解する助けとなることです。童謡・唱歌のメロディーは、言葉のイントネーションやアクセントに合うように、音の高低にも配慮して作曲されました。メロディーに合わせて歌うことで、言葉の意味や文脈など、歌詞の内容を理解することができます。例えば「鯉のぼり」では、「開ける広きその口に／舟をも呑まん様見えて」や「物に動ぜぬ姿あり」「たちまち竜になりぬべき」などの文語的な言い回しについて、打ち消しの助動詞かどうかを文法的に扱ったりしないでも、内容を正しくとらえさせることができます。

三つ目は、メロディーに合わせて歌っているうちに、自然と文語的な言い回しに慣れていきます。

童謡・唱歌は、歌詞の難易度によって低学年から高学年まで幅広い学習材となり得ます。

春

花

作詞：武島羽衣　作曲：滝廉太郎

春のうららの　隅田川《すみだがわ》
のぼりくだりの　船人《ふなびと》が
櫂《かい》のしづくも　花と散《ち》る
ながめを何に　たとうべき

見ずやあけぼの　露《つゆ》あびて
われにもの言う　桜木《さくらぎ》を
見ずや夕ぐれ　手をのべて
われさしまねく　青柳《あおやぎ》を

錦《にしき》おりなす　長堤《ちょうてい》に
暮《く》るればのぼる　おぼろ月
げに一刻《いっこく》も　千金の
ながめを何に　たとうべき

朧月夜《おぼろづきよ》

作詞：高野辰之　作曲：岡野貞一

菜《な》の花畠《ばたけ》に　入日薄《いりひうす》れ
見わたす山の端《は》　霞《かすみ》ふかし
春風そよふく　空を見れば
夕月《ゆうづき》かかりて　にほい淡《あわ》し

里わの火影《ほかげ》も、森の色も
田中の小路《こみち》を　たどる人も
蛙《かわず》のなくねも、かねの音《おと》も
さながら霞《かす》める　朧月夜

夏

鯉《こい》のぼり

作詞・作曲：不詳

いらかの波《なみ》と雲の波
重《かさ》なる波の中空《なかぞら》を
たちばなかおる朝風に
高く泳《およ》ぐや鯉のぼり

開《ひら》けるひろきその口に
舟《ふね》をも呑《の》まん様《さま》見えて
ゆたかに振《ふ》るう尾鰭《おひれ》には
物《もの》に動《どう》ぜぬ姿《すがた》あり

百瀬《ももせ》の滝《たき》を登《のぼ》りなば
たちまち竜《りゅう》になりぬべき
わが身に似《に》よや男子《おのこご》と
空におどるや鯉のぼり

夏は来《き》ぬ

作詞：佐々木信綱　作曲：小山作之助

卯《う》の花の　匂《にお》う垣根《かきね》に　時鳥《ほととぎす》
早もきなきて　忍音《しのびね》もらす　夏は来ぬ

五月雨《さみだれ》の　そそぐ山田《やまだ》に　早乙女《さおとめ》が
裳裾《もすそ》ぬらして　玉苗《たまなえ》ううる　夏は来ぬ

橘《たちばな》の　かおるのきばの　窓《まど》近く
蛍《ほたる》とびかい　おこたり諫《いさ》むる　夏は来ぬ

楝《おうち》ちる　川辺《べ》の宿《やど》の　門《かど》遠く
水鶏《くいな》声《こえ》して　夕月《ゆうづき》すずしき　夏は来ぬ

五月《さつき》やみ　蛍《ほたる》とびかい　水鶏なき
卯の花さきて　早苗《さなえ》うえわたす　夏は来ぬ

秋

赤とんぼ

作詞：三木露風　作曲：山田耕筰

夕やけ小やけの　赤とんぼ
負《お》われて見たのは　いつの日か

山の畑《はたけ》の　桑《くわ》の実《み》を
小籠《こかご》に摘《つ》んだは　まぼろしか

十五で姐《ねえ》やは　嫁《よめ》に行《ゆ》き
お里のたよりも　絶《た》えはてた

夕やけ小やけの　赤とんぼ
とまっているよ　竿《さお》の先

冬

冬景色《げしき》

作詞・作曲：不詳

さ霧《ぎり》消ゆる　湊江《みなとえ》の
舟《ふね》に白し　朝の霜《しも》
ただ水鳥の　声はして
いまだ覚《さ》めず　岸《きし》の家

烏《からす》啼《な》きて　木に高く
人は畑《はた》に　麦を踏《ふ》む
げに小春日《こはるび》の　のどけしや
かへり咲《ざ》きの　花も見ゆ

嵐《あらし》吹《ふ》きて　雲は落《お》ち
時雨《しぐれ》降《ふ》りて　日は暮《く》れぬ
もし燈火《ともしび》の　漏《も》れ来《こ》ずば
それと分《わ》かじ　野辺《のべ》の里

花

・**七五調の文語定型詩**が生み出す明るいリズムを、音読することで体感させます。

・**「うらら」**が「うららか」であることがわからない子どもが多いです。辞書で意味を確かめさせ、**のどかで穏やかな春の情景**を思い描かせましょう。

・第一連の「櫂のしづく」を花にたとえたり、第二連の「桜木（満開の桜）」や「青柳（の枝）」に擬人法が使われています。

・第三連の「おぼろ月」は、ぼんやりかすんだ春の月です。唱歌「朧月夜」と関連させて指導するとよいでしょう。

・第三連の「げに一刻も千金の」という文言は、蘇軾《そしょく》の漢詩「春夜」の「春宵一刻値千金《しゅんしょういっこくあたいせんきん》」が元となっています。

・「ながめを何にたとふべき」を繰り返し、強調していることから、春の隅田川の美しさを賞賛していることを押さえます。

朧月夜

・**八音、六音の繰り返し**が、明るいリズムを生み出している**文語定型詩**です。**リズムと音数の関係**を押さえます。

・題名を含め、**季節の言葉**がたくさん詠み込まれている歌詞です。「春の季語さがし」をさせてもよいでしょう。

・第一連で夕暮れからだんだん暗くなっていく情景が、第二連ではさらに暗くなり、景色だけでなく声や音までもがかすんでいきます。**時間の経過**に気づかせることで、この詩に描かれた春の情景に、より迫らせることができます。

・**見えるもの、聞こえるもの、体で感じるもの**に着目させましょう。
・「**山の端**」は、『枕草子』の冒頭（秋）にも「夕日のさして山の端いと近うなりたるに」と出てきます。つなげるとよいでしょう。

赤とんぼ

・「**赤とんぼ**」から秋であることを押さえます。「**桑の実**」にも着目させましょう。
・**七五調**の詩です。（八音のところもありますが、七音の仲間として考えます。）
・第一連の「おわれて」は「負われて」、つまり「背負われて」の意味です。ここから、**語り手がまだ幼かった頃を懐かしんでいる**ことがわかります。「追われて」と誤りやすいので注意しましょう。
・第一、二連の「**いつの日か**」「**まぼろしか**」から、**語り手が回想している**ことに気づかせます。第四連は、**大人になった語り手が今見ている赤とんぼ**で、回想するきっかけとなったものです。
・「**ねえや**」とは、家事や子守をする住み込みの「お手伝い」のことです。十五歳で嫁いでいった後は、ねえやの実家からの手紙も来なくなったことを補足します。

いろは歌

・いろは歌も、七五調であることを意識させると、**音数**の切れ目と**意味の切れ目**が一致した音読ができます。

いろはにほへど　ちりぬるを
わがよたれぞ　つねならむ
うゐのおくやま　けふこえて
あさきゆめみじ　ゑひもせず(ん)

花は色美しく咲いても、すぐに散ってしまう。
私たちの世の誰が、同じ姿であり続けるものだろうか。
無常の世のような山道を、今日も越えていくけれども
浅くむなしい夢を見たり、酔いしれたりしないようにしよう。

六の巻

春の短歌・俳句

――高学年

君がため春の野に出でて若菜摘む
我が衣手に雪は降りつつ

久方の光のどけき春の日に
静心なく花の散るらむ

梅一輪一輪ほどの暖かさ

春の海終日のたりのたりかな

今回は、「春」を例に季節の言葉集めをして昔の短歌・俳句の鑑賞につなげていく授業をします
子どもたちに昔の短歌や俳句を鑑賞させるのって難しそう
春は子どもたちにとって、イメージを広げやすい季節です
「春」で思いつく言葉を挙げてみよう
春
入学式
あたたかい
桜
春って短いよ～

子どもたちが挙げた言葉をこのようにマッピングするとよいでしょう。

春ってけっこう長いね
初春
はじめ
ちょっと寒い
桜が満開
ぽかぽかあたたかい
冬や夏とも重なるね
晩春
おしまい
あつくなる
ここではあえて旧暦の説明はせず、子どもたちのイメージを広げましょう。
さらに、唱歌でイメージを広げます。
春の歌って何があるかな?
うらら～!
春のイメージをふくらませたところで宿題を出します。
♫春の～ うら～ら～の～
家や図書館で春の言葉が入っている短歌や俳句を探してきてね

そして、探してきた春の短歌や俳句を短冊に書いて発表します。

一月
寒い
早春
三月
あたたかい
ぽかぽか
うららか
桜が満開
四月
やや暑い
晩春
発表する人は時期を予想して短冊を黒板に貼り、どうしてそう思ったのか説明してね
見ている人は貼る場所を予想しよう
「君がため
春の野に出でて
若菜摘む
わが衣手に
雪は降りつつ
光孝天皇」
「雪は降りつつ」だから
まだ寒い時期だと思う
「若菜摘む」って
書いてあるし

「久方の
光のどけき
春の日に
静心なく
花の散るらむ
紀友則」
百人一首のカルタに桜の散る絵が描いてあったから四月だと思います
三月
あたたかい
ぽかぽか
うららか
桜が満開
四月
やや暑い
晩春
「花」って桜のことかな

「春の海
終日《ひねもす》のたりのたりかな
与謝蕪村」
海って暑いときに入るから晩春！
う〜ん……
「終日」って書いてあるから寒いときじゃなくて三月より後かな
早春？

「貼る」のは簡単なことですが、実は自分で解釈して人に説明しなければなりません。

また、集めるだけでなく、分類することによっても新しい発見が生まれます。

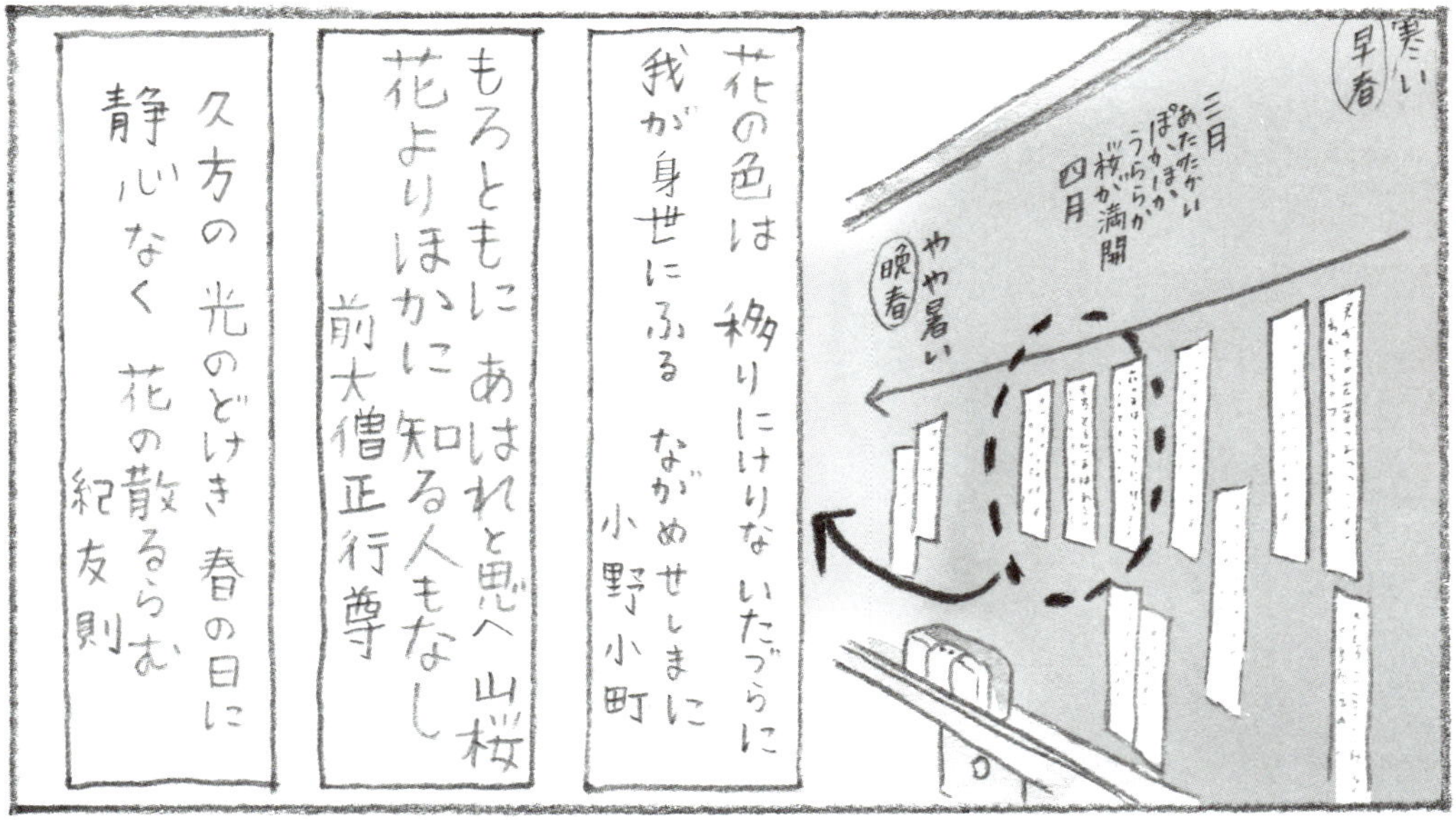
寒い
早春
三月
あたたかい
ぽかぽか
うららか
桜が満開
四月
晩春
やや暑い
花の色は 移りにけりな いたづらに 我が身世にふる ながめせしまに 小野小町
もろともに あはれと思へ 山桜 花よりほかに 知る人もなし 前大僧正行尊
久方の 光のどけき 春の日に 静心なく 花の散るらむ 紀友則

早春
三月
四月
晩春
やや暑い
桜が満開の頃って、逆にさびしい歌が多いんだね

子どもたちは感覚的に鑑賞することができるんですね
小学校の古典では技法や文法などにとらわれず子どもたちの感覚を養っていきたいものです

目ざしたいこと

学習のねらい：
文語調の短歌や俳句を集め、分類することを通して、昔の人の季節のとらえ方にふれる。また、情景を思い浮かべたり、リズムを感じ取ったりしながら音読する。

それってつまり！

百人一首や俳句カルタなどの遊びを通して、子どもたちは短歌や俳句にふれ、親しんでいるものの、案外、意味を理解していません。そこで、詠まれている情景や内容を理解したり、昔の人の思いやものの見方を意識したりせざるを得ない「しかけ」を工夫しました。季節の短歌や俳句を集め、それを「時系列に並べる」活動を設定したのです。

決められた季節の短歌や俳句を集めるのは簡単です。メインは、集めたものを時間軸に沿って並べる活動です。同じ季節の中でも、初め、盛り、終わりなどの時期によって情景やそこに投影される情感が違います。詠んだ時期を考えるには、現代語訳を参考にしながら自分なりに解釈しなければなりません。それを発表し、学級全体で交流するのです。視写した短歌や俳句を「時間軸のどこに置くか」を決定する、必然を伴った「交流」となります。さらに、並べてみると傾向や特徴が見えてきます。これらの気づきが、昔の人の思いやものの見方に迫ることになるのです。

学習の流れ（全5時間）

①「春」に関する言葉を集める。

・「春」を中心語にマッピングすることで、分類整理し、イメージを広げさせる。
・「春」といっても、初春から晩春まで長い期間にわたっていることに気づかせ、興味を喚起する。
・童謡や唱歌に焦点を当て、知っている歌を発表させ、さらに「春」のイメージを広げる。

②「春」の短歌や俳句を集め、味わう。

・「春」をうたった短歌や俳句を集めさせる。（家庭学習も含む）
・集めた短歌や俳句を短冊に書いたものを音読してから、内容（現代語訳）や「春」の中のどの時期を詠んだものかという考えを発表させ、黒板に時系列に並べて貼らせる。
・時間軸に沿って並べたものを見て、気づいたことを話し合わせ、昔の人の季節に対する思い、とらえ方に興味をもたせる。

鑑賞させる手立て

いにしへの奈良の都の
八重桜けふ九重に
にほひぬるかな

観賞には、目的意識と説明の場づくりがかぎとなります。

❶目的を設定する（集めて選ぶ必然をつくる）

「春の短歌や俳句の中から好きなものを選び、紹介しよう」。このように目的を設定すると、集めたり、選ぶために情景や内容をとらえたりする必然が生じます。そして、選ぶ過程が、鑑賞へとつながります。このとき、「短歌や俳句ならば何でもよい」と対象を広げすぎるのはよくありません。「春の短歌」や「子どもを詠んだ俳句」などの枠組みを決めておくことが大切です。集める観点が明確になるだけでなく、同じ季節の短歌の中で、なぜその作品を選んだのか、自然と理由を考えることになります。

❷説明する場を設ける

選んだ理由を人に説明することはそのまま、「鑑賞」となります。「より春らしさを感じた自分なりの理由」や「その作品からどんな子どもの様子を想像し、どのように受け止めたか」といった、その作品に対する評価や考えを表現することになるからです。

季節の言葉集め

季節の言葉を集める際のポイントを紹介します。

❶マッピングのしかたを工夫する

一般的なマッピングは、中心となる言葉から連想する言葉や関連する言葉を線でつないでいきますが、ここでは、カテゴリー別に区分けして分類するマッピングが適しています。

「春」を中心語とした場合、「ひな祭り」「春の小川」「桜」「うららか」という言葉は、それぞれ「行事」「歌」「植物」「様子、気候」というカテゴリーに分けることができます。「くる言葉」を示すことで、「『植物』だったら『たんぽぽ』もあるな」などと、言葉集めの助けとなります。指導者は事前に、グルーピングや、どんな言葉でくるかを構想しておきます。

❷生活の中から季節の言葉を見つけさせる

ステレオタイプの言葉を集めるだけで終わらせないようにしましょう。「現代の」季節の言葉や「子どもの生活の中の」季節の言葉も集めさせます。そのためには、季節の言葉を見つけるアンテナの張り方のヒントを与えておきます。

例えば、「春見つけ」というお題で日記を書かせると、子どもたちは、さまざまなところから春を見つけてきます。通学路の道端から、食卓から、スーパーに並んだ品物に貼られた「旬」というシールから、テレビの気象予報士さんの話から等々。このような、目のつけどころを日頃から紹介しておくのです。地域のお祭りや学校独自の行事なども、子どもの生活に根ざした立派な季節の言葉です。

いっぽうで、「春めく」「花冷え」などの子どもになじみのない季節の言葉は、教科書等を活用して紹介します。

春の短歌

あを《(お)》によし奈良《なら》の都は咲《さ》く花の薫《にお》ふ《(う)》がごとく今盛《さか》りなり
(小野《おの》 老《のおゆ》・万葉集)

袖《そで》ひぢ《(じ)》てむすびし水のこほ《(お)》れるを春立つけふ《(きょう)》の風やとくらむ《(ん)》
(紀《き》 貫之《のつらゆき》・古今和歌集)

世の中に絶《た》えて桜《さくら》のなかりせば春の心はのどけからまし
(在原《ありわらの》 業平《なりひら》・古今和歌集)

山深み春とも知らぬ松の戸にたえだえかかる雪の玉水
(式子内親王《しょくしないしんのう》・新古今和歌集)

み吉野《よしの》の高嶺《たかね》の桜《さくら》散りにけり嵐《あらし》も白き春のあけぼの
(後鳥羽院《ごとばいん》・新古今和歌集)

花の色は移《うつ》りにけりないたづ《(ず)》らに我《わ》が身世にふるながめせしまに
(小野《おの》 小町《のこまち》・百人一首)

久方《ひさかた》の光のどけき春の日に静心《しずごころ》なく花の散るらむ《(ん)》
(紀《き》 友則《のとものり》・百人一首)

いにしへ《(え)》の奈良《なら》の都の八重桜《やえざくら》 けふ《(きょう)》 九重《ここのえ》ににほひ《(おい)》ぬるかな
(伊勢《いせの》 大輔《たいふ》・百人一首)

くれなゐ《(い)》の二尺《しゃく》伸《の》びたる薔薇《ばら》の芽の針《はり》やはらか《(わ)》に春雨《はるさめ》のふる
（正岡子規《まさおかしき》・竹乃里歌）

清水《きよみず》へ祇園《ぎおん》をよぎる桜《さくら》月夜こよひ《(い)》逢《あ》ふ《(う)》人みなうつくしき
（与謝野晶子《よさのあきこ》・みだれ髪）

春の鳥な鳴きそ鳴きそあかあかと外《と》の面《も》の草に日の入《い》る夕《ゆうべ》
（北原白秋《きたはらはくしゅう》・桐の花）

春の俳句

行《ゆ》く春や鳥啼《な》き魚《うお》の目は泪《なみだ》
（松尾芭蕉《まつおばしょう》・おくのほそ道）

梅が香《か》の立ちのぼりてや月の暈《かさ》
（与謝蕪村《よさぶそん》・蕪村遺稿）

春風や闘志《とうし》いだきて丘《おか》に立つ
（高浜虚子《たかはまきょし》・五百句）

卒業の兄と来てゐ《(い)》る堤《つつみ》かな
（芝不器男《しばふきお》・定本芝不器男句集）

夜桜《よざくら》やひとつ筵《むしろ》に恋仇敵《こひ(い)がたき》
（黛《まゆずみ》まどか・B面の夏）

「子ども」の短歌

銀《しろかね》も金《くがね》も玉もなにせむに優《まさ》れる宝《たから》子に及《し》かめやも　（山上憶良《やまのうえのおくら》・万葉集）

この里に手毬《てまり》つきつつ子供《こども》らと遊ぶ春日《はるひ》は暮《く》れずともよし　（良寛《りょうかん》・布留散東）

たのしみはまれに魚煮《うおに》て児等皆《こらみな》がうましうましといひ《(い)》て食《く》ふ《(う)》時　（橘曙覧《たちばなあけみ》・志濃夫廼舎歌集）

街《まち》をゆき子供《こども》の傍《そば》を通る時蜜柑《みかん》の香《か》せり冬がまた来る　（木下利玄《きのしたりげん》・紅玉）

のぼり坂のペダル踏《ふ》みつつ子は叫《さけ》ぶ「まっすぐ？」、そうだ、どんどんのぼれ　（佐佐木幸綱《ささきゆきつな》・金色の獅子）

「子ども」の俳句

雪とけて村一ぱいの子ども哉《かな》　（小林一茶《こばやしいっさ》・七番日記）

咳《せき》の子のなぞなぞあそびきりもなや　（中村汀女《なかむらていじょ》・汀女句集）

万緑の中や吾子《あこ》の歯生え初《そ》むる　（中村草田男《なかむらくさたお》・火の島）

どの子にも涼《すず》しく風の吹《ふ》く日かな　（飯田龍太《いいだりゅうた》・忘音）

俳聖《はいせい》かるた

春

古池や蛙《かわず》飛びこむ水の音
花の雲鐘《かね》は上野《うえの》か浅草《あさくさ》か
山里《やまざと》は万才《まんざい》おそし梅《うめ》の花
唐崎《からさき》の松《まつ》は花より朧《おぼろ》にて
元日や家にゆずりの太刀《たち》はかん
春の海ひねもすのたりのたりかな
菜《な》の花や月は東に日は西に
春雨《はるさめ》やものがたりゆく蓑《みの》と傘《かさ》
櫻《さくら》さく大日本《だいにっぽん》ぞ日本ぞ
我《われ》と来て遊べや親のない雀《すずめ》
雀《すずめ》の子そこのけそこのけお馬が通る
やせ蛙《かえる》負《ま》けるな一茶《いっさ》これにあり

夏

閑《しず》かさや岩にしみいる蝉《せみ》の声
夏草《なつぐさ》や兵《つわもの》どもが夢《ゆめ》の跡《あと》
五月雨《さみだれ》を集《あつ》めてはやし最上《もがみ》川
うき我《われ》をさびしがらせよ閑古鳥《かんこどり》
鎧《よろい》着てつかれためさん土用干《どようぼし》
五月雨《さみだれ》や大河《たいが》を前に家二軒《けん》
鮒《ふな》ずしや彦根《ひこね》が城《じょう》に雲かかる
蚊帳《かや》の内螢《うちほたるはな》放してアア楽や
田の人よ御免候《ごめんそう》らえ昼寝《ひるね》蚊帳《がや》
やれ打《う》つな蝿《はえ》が手をすり足をする
飛べほたる野良同然《のらどうぜん》のおれが家
大の字に寝《ね》て涼《すず》しさよ淋《さび》しさよ

秋

秋深《ふか》き隣《となり》はなにをする人ぞ
名月や池をめぐりて夜もすがら
もの言えば唇寒《くちびるさむ》し秋の風
菊《きく》の香《か》や奈良《なら》には古き仏《ほとけ》たち
蛤《はまぐり》のふたみに別《わか》れ行《ゆ》く秋ぞ
柿主《かきぬし》や梢《こずえ》はちかき嵐山《あらしやま》
月天心貧《つきてんしんまず》しき町を通りけり
温泉《ゆ》の底に我《わが》足見ゆる今朝《けさ》の秋
追剥《おいはぎ》を弟子《でし》に剃《そ》りけり秋の旅《たび》
名月を取《と》ってくれろと泣《な》く子かな
うつくしや障子《しょうじ》の穴《あな》の天《あま》の川
小言《こごと》いう相手《あいて》もあらばきょうの月
寝返《ねがえ》りをするぞそこのけきりぎりす

冬

いざさらば雪見にころぶところまで
ふるさとや臍《へそ》の緒《お》に泣《な》く年の暮《くれ》
旅《たび》人と我《わが》名よばれん初時雨《はつしぐれ》
旅《たび》に病《や》んで夢《ゆめ》は枯《かれ》野をかけ廻《めぐ》る
応々《おうおう》といえど敲《たた》くや雪の門《かど》
宿かせと刀投げ出す吹雪《ふぶき》かな
化《ば》けそうな傘《かさ》かす寺の時雨《しぐれ》かな
葱《ねぎ》買《こ》うて枯《かれ》木の中を帰りけり
芭蕉《ばしょう》忌《き》や鳩《はと》も雀《すずめ》も客の数
ともかくもあなた任《まか》せの年の暮《くれ》
うまそうな雪がふうわりふわりかな
これがまあついの栖《すみか》か雪五尺《ごしゃく》

※『俳聖かるた』とは、松尾芭蕉・向井去来・与謝蕪村・小林一茶の句の中から、有名で、誰もが親しめる句を選んだものです。(『俳聖かるた』伊藤ゆたか・編集／俳聖かるた いとうや)

※「早春賦」は、冬の終わり、早い時期の「春」をうたった唱歌です。この歌にふれ、「春」には長い期間が含まれることを感じさせてから、短歌・俳句の鑑賞学習に入ってもよいでしょう。

早春賦《そうしゅんふ》

作詞：吉丸一昌　作曲：中田　章

春は名のみの風の寒さや
谷の鶯《うぐいす》　歌は思えど
時にあらずと　声も立てず
時にあらずと　声も立てず

氷《こおり》解《と》け去り葦《あし》は角《つの》ぐむ
さては時ぞと　思うあやにく
今日もきのうも　雪の空
今日もきのうも　雪の空

春と聞かねば知らでありしを
聞けば急《せ》かるる　胸《むね》の思《おも》いを
いかにせよとの　この頃《ごろ》か
いかにせよとの　この頃か

俳句を作る

七の巻

——高学年

秋深き隣は何をする人ぞ

いわし雲大いなる瀬をさかのぼる

水枕ガバリと寒い海がある

今回は俳句作りの授業をご紹介します
これまでの鑑賞を、どうやって作ることに結び付けるの？
十七字で表現するのは難しくないかしら

俳句作りに先立って※教科書にある「季節の言葉」で季節の感覚を耕し俳句のリズムに親しんでおきましょう
五穀豊穣 重陽の節句
菊 初秋 晩秋
秋刀魚
萩
見わたせば花も紅葉もなかり
浦の苫屋の秋の夕暮れ
ちる芒寒くなるのが目にみ
秋深き隣は何をする人ぞ
俳句のルールは何かな？
五・七・五
季語を入れる！

※平成23年度版光村図書「国語 六 創造」

俳句を作るために、まずは伝えたい内容を一～二文で書いてみよう
いも掘りのことを書こうかな
文章ができたら言葉を短くしたり言い換えたりして
いちょうの落ち葉がたくさん積もり、
そこに小さな子がたくさん集まってい
るのを見てほほえましい。
あら削りでもいいので一句作らせます。
ほほえましいいちょう落ち葉に飛びこむ子
みんなは六年生だから「禁ワード」を設定します
え～っ?!
「禁ワード」って?
詠み手の気持ちを直接的に表す言葉が禁ワードです
表現の工夫を促すため伝えたい感覚や気持ちをそのまま言葉で表さないようにします。一つ例を挙げ、全員で表現を高める体験をさせるとよいでしょう。

みんなでこの俳句をバージョンアップしよう
ほほえましい いちょう落ち葉に飛びこむ子
(禁)ワードはどれかな?
ほほえましい!
他の言葉に言い換えてみよう
…………
かわいらしい!
それも(禁)だよ
たとえも使ってみよう「いちょう落ち葉」はどうたとえる?
え〜っと え〜っと
金色の山!
言葉の順序を入れ換えても感じは変わるよ
飛びこむ子 いちょう
小さな子落ち葉のプールにダイビング
冬近し金色の山に飛びこむ子

今度は
自分の俳句を見直して
三バージョンぐらいまで
作ってみよう
葉に飛びこむ子
落ち葉のプールにダイビング
金色の山に飛びこむ子

できたっ！
いちばん
気に入った句を
選んで
句会に出そう

句会では、名前を入れずに
みんなの俳句を印刷した
プリントを用意します。※

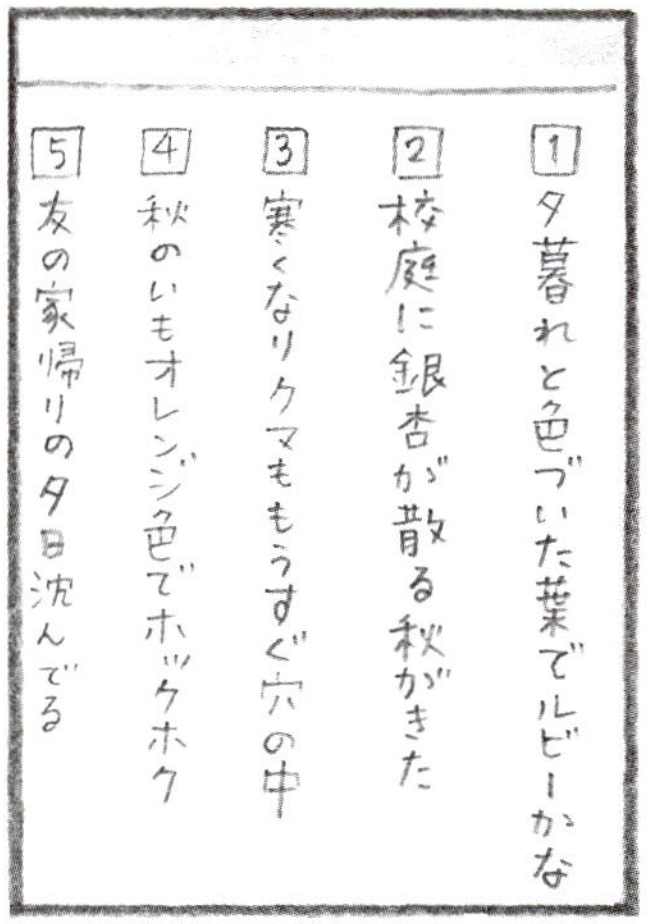
1 夕暮れと色づいた葉でルビーかな
2 校庭に銀杏が散る秋がきた
3 寒くなりクマもうすぐ穴の中
4 秋のいもオレンジ色でホックホク
5 友の家帰りの夕日沈んでる

ここから
好きな句を選ばせて
人気の順を決めます。

はーい！
五番を選んだ人は？

※普通，句会では詠んだ人とは別の人が句を清書して提示します。
40人学級では時間節約のため，この形をとりました。

いちばん人気だったのは「かくれんぼ かおりで見つける きんもくせい」でした
おおっ!!
選んだ理由は?
わたしも金木犀の香りが好きだから
香りで気づいたときのうれしさが伝わってくるから

坂道の落ち葉をチャリでかっとばす
これはだれの句かな?
えーっ!? 意外!!
チャリでかっとばしたりするんだ

だれが詠んだかを知ることで、友達の意外な一面を発見することもあります。

俳句作りを経験させた後、「季節の言葉」や、これまで学習した俳句のページに戻ってみます。
見わたせば花も紅葉もなかりけり
浦の苫屋の秋の夕暮れ
ちる芒寒くなるのが目にみゆる
秋深き隣は何をする人ぞ
季節の豆知識
㊎ワードが入ってない！
でも気持ちが伝わってくる
さすがだな
自分で俳句を作ることは、より深い鑑賞にもつながるんですね
そう
自分で表現を工夫してみた経験があるからこそ、感覚の伝わり方、文字に表れない意をくみ取ることに敏感になれるんです

目ざしたいこと

学習のねらい：
身近な情景や生活の中での出来事をとらえ、自分の思いを俳句で表現する。

それってつまり！

短歌や俳句の創作については、学習指導要領の**【書くこと】**（第五学年及び第六学年・言語活動例）に、次のように示されています。

「ア　**経験したこと、想像したことなどを基に、詩や短歌、俳句をつくったり……。**」

短歌や俳句を創作させると、子どもたちは「伝えたい思い」よりも音数の決まりごとにとらわれてしまいがちです。五音や七音の言葉を集め、それを組み合わせることに終始する姿も見られます。

単なる音数合わせや、言葉遊びに終わらせないためには、まず、経験したことなどから「伝えたい思い」をしっかり耕します。次に、出来事全体の印象ではなく、一部を切り取って表現させるようにします。そのために、伝えたいことを文章化させてから創作したり、全員で体験したことを題材に創作させたりします。さらにできた作品を読み比べることで、同じ体験でも伝えたい思いが違うことを実感させます。

学習の流れ（全2時間）

① 同じ季語を使った俳句を読み比べ、「伝えたい思い」の違いに気づく。

② 表現を工夫しながら俳句作りを楽しむ。

・俳句の決まりごとを確かめる。
・伝えたい事柄や思いを書き表させた後、言葉を削りながら俳句を作らせる。
・できた俳句をもとに、気持ちを直接表す言葉は使わずに表現し直させる。
・同じ内容で、表現を変化させた句を複数作らせる。

③ 句会を行い、交流する。

・詠んだ俳句の中でいちばん気に入ったものを選んで、出句させる。
・出句された俳句は詠み手がわからないようにプリントして、よいと思う俳句を選んで、投票させる。
・結果を発表する。投票した子どもに理由を発表させながら鑑賞し合う。

古典が好きになるワンポイント

学校用に句会をアレンジ

授業中に、四十名でもできる句会の方法をご紹介します。

1 準備……句会の一週間ほど前にはお題を伝え、作らせておきます。もちろん、初めての場合は授業中に作ります。

2 出句……句会前日までに一句提出させます。左のように〈通し番号・俳句・作者名〉を入れたプリントを用意しておきます。

例　7　おじぎする草のせなかにつもる雪　河野

3 選句……選句用に作者名を伏せたプリントを配付し、一句ずつ読み上げていきます。自分以外のよいと思う句を三句選び、その番号を紙に書いて提出させます。

4 結果発表……選句し終えたところで、作者名も記したプリントを配付します。誰がどんな句を詠んだのかを確かめている間に集計し、結果を発表します。ここで大事なのは、選んだ理由を発表させることです。理由を話し合う中で鑑賞する力が高まり、ひいてはよりよい作品作りへとつながります。季節や行事ごとに、継続的に句会を行うことで、鑑賞力も創作力も向上します。

誰もが作れるポイント

❶タイミングを逃さない

教室で育てていたヤゴがトンボになった日、運動会で負けてしまったときなど、感動や伝えたい思いが強いときは、創作しやすいものです。また、初雪の降った日のように実際の情景が目の前にあるときなども、創作に適しています。このような絶好のタイミングをとらえることが肝心です。

❷伝えたい思いを作文に書く

限られた音数の中に思いを込めるのは、難しいことです。初めは音数を気にせず、伝えたいことを作文に書かせます。文章を書きながら、何に感動したのか、どのようなことを伝えたいのか、自身の思いを確かめます。そのうえで、説明部分を線で引いて消していきます。すると伝えたいことだけが残り、「音数合わせ」となりません。

❸頭の五音を与える

実際に雪の降った日に、「雪の朝」という言葉を与えて俳句を作らせると、中学年でも何の抵抗もなく詠みます。そして「雪の日に」「初雪は」「雪つもり」「雪降って」「雪とけて」など、最初に与えた五音から派生した言葉を使い始めます。

教科書「国語 六 創造」にも示されていますが、「たのしみは」から始まる短歌も作りやすく、おすすめです。

❹前書きを付ける

短歌の前に見られる「遠足で高尾山に登ったときに詠める歌」のような、前書きを付けさせる方法もあります。前書きの説明と重複しないように、自然と歌には伝えたいことだけが詠まれます。

※俳句作りのワークシート。
ウォーミングアップは、全員で取り組んで発表し合うと、同じテーマでも表現や思いの違いに気づくことができます。

俳《はい》句を作ろう

ウォーミングアップ □に言葉を入れましょう。

・□の中の音数はいくつ？

・□に入る言葉は？（せみの様子、いる場所、鳴く音、せみの言葉、聞いている自分の思い　など）

（　　音）

（　　）音　五音

□

□蝉《せみ》しぐれ

□

ステップ❶ 伝えたい題材を探《さが》し、季節の言葉を入れた三文作文を書こう。

【ポイント】目や耳、鼻を使い、皮ふや体全体で感じたこと、心で感じたことなども言葉にします。

ステップ❷ 三文作文から俳句を作ろう。（二、三句作ってみましょう）

【ポイント】作文の中の言葉をそのまま使うだけでなく、別の言葉に言いかえたりしてみましょう。

【チェック】①音数は合っているか（　　）　②季語は入っているか（　　）

ステップ❸ バージョンアップさせよう。

【ポイント】

①重なっている言葉はないか（季語の重なり、内容の重なりなど）
（例・「満開の桜《さくら》咲《さ》く」は「咲く」がなくてよい）

②言葉の順序《じょ》をかえて、強調させたいところを工夫しよう

③たとえを使うなど、別の表現《げん》はできないか

④禁ワード（思いや気持ちを直接《せつ》的に表した言葉）は使われていないか

⑤表記はよいか（ひらがな、カタカナ、漢字など）

最終作品

主な季語一覧

	天候・自然	生活・行事	動物	植物
新年《しんねん》	正月《しょうがつ》・初春《はつはる》・元日《がんじつ》・元旦《がんたん》・三《さん》が日《にち》・松《まつ》の内《うち》・初日《はつひ》・初日《はつひ》の出《で》・初空《はつぞら》・初茜《はつあかね》・初晴《はつば》れ・今年《ことし》	門松《かどまつ》・鏡餅《かがみもち》・雑煮《ぞうに》・初詣《はつもうで》・年賀状《ねんがじょう》・年玉《としだま》・初夢《はつゆめ》・寝正月《ねしょうがつ》・歌留《かる》多《た》・双六《すごろく》・羽子板《はごいた》・独楽《こま》・書初《かきぞめ》	初声《はつこえ》・初鶏《はつとり》・初雀《はつすずめ》・初鴉《はつがらす》	楪《ゆずりは》・薺《なずな》・歯朶《しだ》・福《ふく》寿草《じゅそう》・若菜《わかな》・七草《ななくさ》・野老《ところ》・穂俵《ほだわら》・仏《ほとけ》の座《ざ》
春《はる》	早春《そうしゅん》・余寒《よかん》・彼岸《ひがん》・暖《あたた》か・麗《うら》らか・長閑《のどか》・夏近《なつちか》し・風光《かぜひか》る・雪解《ゆきどけ》・春惜《はるお》しむ・山笑《やまわら》う・春一番《はるいちばん》	受験《じゅけん》・卒業《そつぎょう》・入学《にゅうがく》・花見《はなみ》・凧《たこ》・ぶらんこ・風車《かざぐるま》・風船《ふうせん》・石鹸玉《しゃぼんだま》・春休《はるやす》み・茶摘《ちゃつみ》・雛《ひな》・菱餅《ひしもち》・桜餅《さくらもち》・草餅《くさもち》	白魚《しらうお》・鶯《うぐいす》・雲雀《ひばり》・燕《すずめ》・鱒《ます》・蛤《はまぐり》・桜《さくら》貝《がい》・蝶《ちょう》・虻《あぶ》・蜂《はち》・蚕《かいこ》・蛙《かえる》・お玉杓子《たまじゃくし》・鳥《とり》の巣《す》・さえずり・雀《すずめ》の子《こ》	梅《うめ》・紅梅《こうばい》・木《こ》の芽《め》・椿《つばき》・蓬《よもぎ》・土筆《つくし》・蕨《わらび》・菫《すみれ》・蒲公英《たんぽぽ》・花《はな》・桜《さくら》・チューリップ・若草《わかくさ》・パンジー
夏《なつ》	短夜《みじかよ》・入梅《にゅうばい》・暑《あつ》し・梅雨明《つゆあけ》・極暑《ごくしょ》・秋近《あきちか》し・梅雨《つゆ》・五月雨《さみだれ》・南風《みなみかぜ》・雷《かみなり》・夕立《ゆうだち》・虹《にじ》・炎天《えんてん》・西日《にしび》・夕焼《ゆうやけ》	麦藁《むぎわら》・団扇《うちわ》・浴衣《ゆかた》・噴水《ふんすい》・水鉄砲《みずでっぽう》・風鈴《ふうりん》・日焼《ひやけ》・ゼリー・冷奴《ひややっこ》・鯉《こい》のぼり・柏餅《かしわもち》・祭《まつり》・暑中見舞《しょちゅうみまい》	鯖《さば》・山女《やまめ》・蝸牛《かたつむり》・雨蛙《あまがえる》・蛍《ほたる》・鰻《うなぎ》・目高《めだか》・鯵《あじ》・金魚《きんぎょ》・蜘蛛《くも》・蟻《あり》・蚊《か》・時鳥《ほととぎす》・天道虫《てんとうむし》・蝉《せみ》・兜虫《かぶとむし》・蝲蛄《ざりがに》	葉桜《はざくら》・新緑《しんりょく》・若葉《わかば》・筍《たけのこ》・紫陽花《あじさい》・青葉《あおば》・苺《いちご》・百合《ゆり》・月見草《つきみそう》・メロン・トマト・茄子《なす》・向日葵《ひまわり》
秋《あき》	残暑《ざんしょ》・夜長《よなが》・秋彼岸《あきひがん》・夜寒《よさむ》・秋高《あきたか》し・天《あま》の川《がわ》・稲妻《いなづま》・流星《りゅうせい》・台風《たいふう》・三日月《みかづき》・露《つゆ》・月《つき》・冬近《ふゆちか》し	相撲《すもう》・夜食《やしょく》・月見《つきみ》・菊人形《きくにんぎょう》・栗飯《くりめし》・稲刈《いねかり》・冬支度《ふゆじたく》・案山子《かかし》・紅葉狩《もみじがり》・七夕《たなばた》・中元《ちゅうげん》・墓参《はかまいり》・燈籠《とうろう》	蜩《ひぐらし》・虫《むし》・鈴虫《すずむし》・蟋《こお》蟀《ろぎ》・蓑虫《みのむし》・蟷螂《かまきり》・芋《いも》虫《むし》・蜻蛉《とんぼ》・秋刀魚《さんま》・鰯《いわし》・鮭《さけ》・ばった・渡《わた》り鳥《どり》・小鳥《ことり》・きつつき・鹿《しか》	鳳仙花《ほうせんか》・朝顔《あさがお》・南瓜《かぼちゃ》・芒《すすき》・コスモス・鬼灯《ほおずき》・玉蜀黍《とうもろこし》・栗《くり》・椎茸《しいたけ》・稲《いね》・林檎《りんご》・柿《かき》・葡萄《ぶどう》・菊《きく》・梨《なし》・銀杏《ぎんなん》
冬《ふゆ》	寒《さむ》し・冷《つめ》たし・息白《いきしろ》し・大晦日《おおみそか》・除夜《じょや》・春待《はるま》つ・凩《こがらし》・北風《きたかぜ》・霜《しも》・雪《ゆき》・山眠《やまねむ》る・枯《かれ》野《の》・氷《こおり》・氷柱《つらら》・底冷《そこびえ》	おでん・炬燵《こたつ》・風邪《かぜ》・咳《せき》・餅《もち》・雪合戦《ゆきがっせん》・スキー・クリスマス・サッカー・除夜《じょや》の鐘《かね》・節分《せつぶん》・豆撒《まめまき》	鷲《わし》・鷹《たか》・梟《ふくろう》・水鳥《みずどり》・鴨《かも》・鴛鴦《おしどり》・白鳥《はくちょう》・狐《きつね》・狸《たぬき》・兎《うさぎ》・鯨《くじら》・河豚《ふぐ》・鮪《まぐろ》・鱈《たら》・鰤《ぶり》・牡蠣《かき》・冬《ふゆ》の蝶《ちょう》・冬《ふゆ》の蜂《はち》	山茶花《さざんか》・大根《だいこん》・紅葉《もみじ》・散《ち》る・落葉《らくよう》・枯葉《かれは》・冬木立《ふゆこだち》・枯柳《かれやなぎ》・葱《ねぎ》・白菜《はくさい》・人参《にんじん》・冬薔薇《ふゆばら》・水仙《すいせん》・寒梅《かんばい》・寒椿《かんつばき》

八の巻 ことわざ・故事成語

——高学年

犬も歩けば棒に当たる
花より団子
蛇足
五十歩百歩
矛盾

ことわざや故事成語の知識を増やし、広げるために、楽しく調べ学習につなげる授業を考えてみましょう
そもそも子どもたちはことわざや故事成語に興味があるの？
ただ調べさせるだけではだめなの？

身近なことわざを取り上げます。

この言葉を知っている人？
花よりだんご
はーーい
どういう意味かな？
お花見では花を見るよりだんごを食べるほうがいい！
だんごのほうが実用性がある！

「花」と「だんご」で説明してくれたような元の意味を「由来」といいます
花よりだんご
では今はどんな意味で使われているかな
きれいなものより実際に役立つものが優先！
食い気が優先！
「花」や「だんご」に限らない意味で使われているね
このような、生きていくうえでの知恵や教えを短い言い回しで表したものを「ことわざ」といいます
みんなも「オリジナルことわざ」が考えられそうだね
映画よりポップコーン
ひな人形よりひなあられ
他にも知っていることわざはある？
笑う門には福来たる
ねこに小判

じゃあ次！
これは知っていますか？
蛇足
へびあし？
へびに足なんてないよ
これは「だそく」と読みます
聞いたことある！
この言葉は「故事成語」といいます
蛇足《だそく》
ことわざと似ているけど由来話があるんだよ

ここで「蛇足」の由来となる物語と出会わせます。

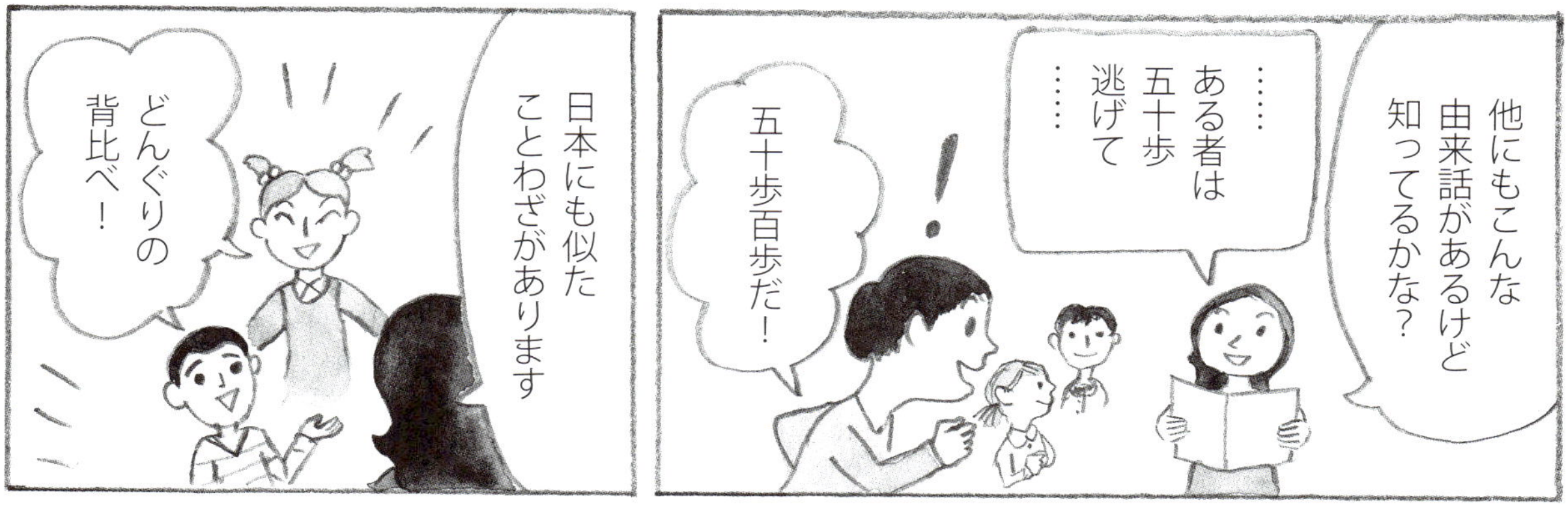
他にもこんな由来話があるけど知ってるかな？
……ある者は五十歩逃げて……
五十歩百歩だ！
日本にも似たことわざがあります
どんぐりの背比べ！

子どもたちの興味が十分高まったら調べ学習に続くように活動をしかけます。

ことわざを使ったこんな遊びがあります「いろはがるた」といいます
作ってみたい！

オリジナル辞典やすごろく作りも紹介します。教師や前年度の子どもたちが作った作品を見せると、さらにやる気が出てきます。

手元に、辞書やことわざ・故事成語の本を用意させ、そこから作品に取り上げたい言葉を選ばせます。

ノートに必ず書いてね
(選んだ)ことわざ、故事成語
・由来
・意味
テーマを決めると選びやすくなるよ

あ、これも使いたい！
ことわざ辞典

カルタ作りは、一人で完成させるのではなく、作った札を持ち寄り合わせて遊ぶことができるのでおすすめです。

五つことわざを選んだら、読み札と取り札のセットになる紙を十枚渡します

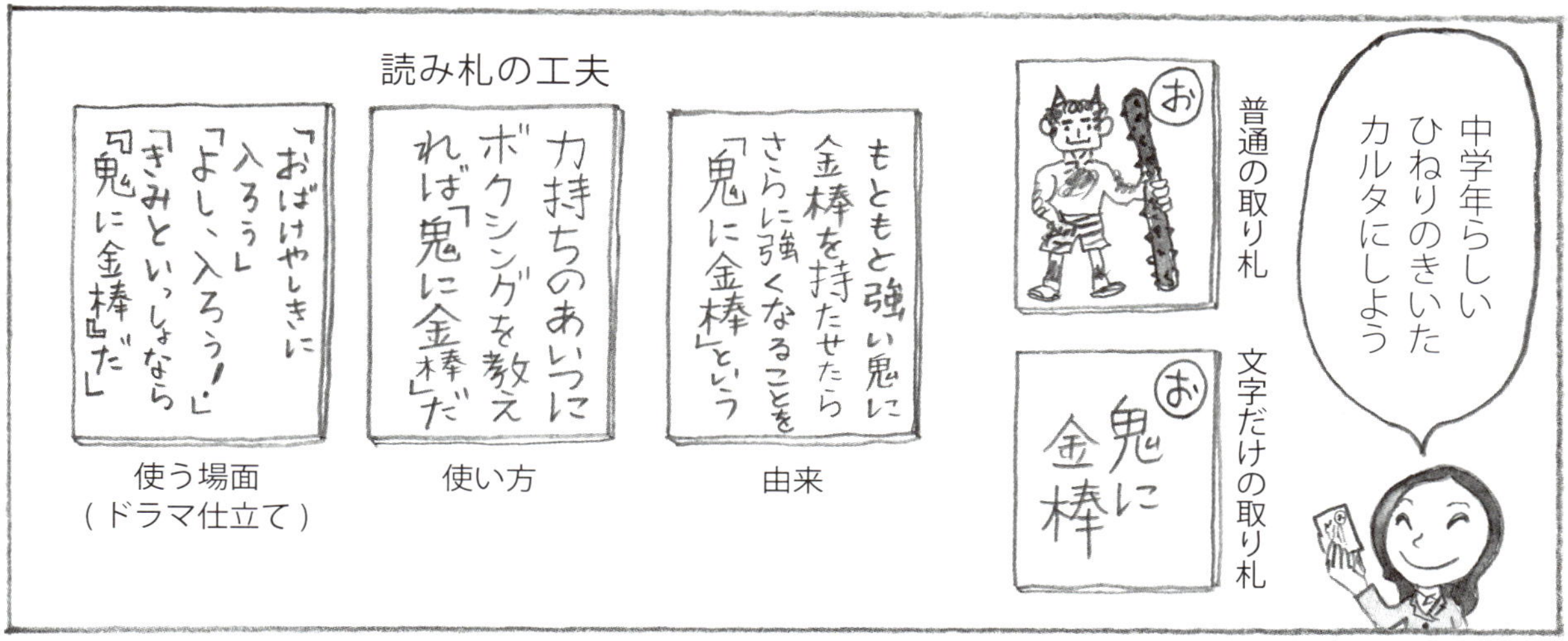
中学年らしい
ひねりのきいた
カルタにしよう
普通の取り札
文字だけの取り札
お
鬼に金棒
読み札の工夫
もともと強い鬼に金棒を持たせたらさらに強くなることを「鬼に金棒」という
由来
力持ちのあいつにボクシングを教えれば「鬼に金棒」だ
使い方
「おばけやしきに入ろう」「よし、入ろう！」「きみといっしょなら『鬼に金棒』だ」
使う場面
（ドラマ仕立て）

作っておけば
進んで遊ぶようになり、
自然と知識も定着していきます。

雨だから
カルタで
遊ぼう

カルタで遊んだり
辞典を作ったりする
「目的」があるからこそ
主体的に調べ、
知識が身につくのです

目ざしたいこと

学習のねらい：
ことわざや故事成語の意味を知り、使うことができるようにする。

それってつまり！

「ことわざ」は、先人の知恵や知識、戒めなどがわかりやすい言葉で伝えられたものです。「故事成語」も、同じように知恵や教えを表した言葉ですが、昔から伝わるいわれ（故事）を元にしているという点に違いがあります。これらの言葉や意味をただ知るだけでなく、自分の生活に引き寄せて受け止めさせることが大切です。

子どもたちは「いろはがるた」で遊んだり、生活の中で見聞きすることで、普段からことわざや故事成語にふれています。それを「ことわざ」とか「故事成語」などと認識していないだけです。まずは、身の回りでよく使われていることわざや故事成語に気づかせ、興味を喚起します。さらに、カルタ作りや辞典作りといった活動を設定することで、主体的に言葉を集めたり、意味や使い方を調べたりする必然をもたせます。このような活動を通して、日常生活でも使うことができるようにしていきます。

学習の流れ（全3時間）

① ことわざや故事成語とは、どのようなものかを理解する。

・「花より団子」など、提示したことわざの意味を考えさせる。
・ことわざには「由来に即した意味」と「一般化された意味」があること、反対の意味や似た意味のものがあることを理解させる。
・イラスト（P130）の中に隠されたことわざをできるだけたくさん見つけさせ、興味を喚起する。
・「蛇足」「五十歩百歩」など、提示した故事成語の意味を考えさせる。
・故事成語には意味とその由来話とがあることを理解させ、ことわざとの違いを知らせる。

② 「ことわざ・故事成語カルタ」や「ことわざ辞典」を作る。

・活動を通して、多くのことわざや故事成語について調べたり、意味や使い方を理解させたりする。

③ 作品を読み合ったり、カルタで遊んだりすることで、知識を確かなものとし、生活場面で使うことができるようにする。

古典が好きになるワンポイント

生活の中に「生きている言葉」であることを実感させる

❶「知っていた・知らないうちに使っていた」ことを実感させる

一枚の絵に隠されたことわざを、できるだけ多く見つけさせる活動を仕組みます。このような絵は、小学生用の国語辞典や児童用のことわざの本などにあります。書き込まれたことわざを消して提示し、絵をヒントにことわざを見つけさせます。子どもどうしで教え合うだけでなく、家の人にも尋ねさせることで、生活の中に「生きている言葉」であることをより一層実感させることができます。

❷「知っているようで知らない」ことに気づかせる

ことわざや故事成語には、「由来に即した意味」と「一般化された意味」とがあることを押さえます。子どもたちは、由来に即した直接的な意味だけを理解して、「知っているつもり」になっていることが多いものです。「犬も歩けば棒に当たる」に加え、「情けは人のためならず」のような意味を誤りやすいことわざを取り上げるのもおすすめです。

使える知識にするポイント

カルタや辞典作りを通して、ことわざや故事成語を使える知識にするには、「作らせ方の工夫」と「交流」がポイントとなります。

カルタの場合、読み札を工夫させます。「花より団子」という言葉だけでなく、先に意味を説明させるのです。「『実際に役に立つもののほうがよいこと』を『花より団子』という」のように読み札を作らせれば、意味を調べる必然が生じます。遊ぶときにも、意味を知っているほうがより多くの札を取ることができます。また、「せっかく家族でお花見に来たというのに、弟は食べることにばかり夢中で、まさに『花より団子』だ」のように、使い方を読み札にすることもできます。

カルタ用の厚紙は、同じ大きさに切りそろえたものを用意しておきましょう。用紙が統一されていれば、一人が五、六組作るだけで、数名分を合わせて遊ぶことができます。同じ文字から始まる札が複数あっても、ことわざが違っていればかまいません。かえって遊びとしてはおもしろくなります。作るために調べ、遊びながら意味や使い方の知識を定着させることで、使える知識となっていくのです。

辞典作りは、既製の辞典のように全ての言葉を取り上げるわけにいきません。そこでまず、取り上げる言葉の観点を決めさせます。色、数字、動物の付くことわざなど、さまざまな観点が考えられます。辞典で説明する内容は、意味を記すことを最低条件に、使い方を四コマまんがにする、似た意味や反対の意味のことわざを付ける、現代の生活に照らして作りかえた「オリジナルことわざ」を付けるなど工夫させることで、交流を活性化します。

「ことわざ・故事成語」活動の手引き

① 活動《どう》メニュー　次の中から選《えら》びましょう。

❶ ことわざ（故事成語《こじせいご》）カルタ

・意味編《いみへん》…読み札《ふだ》に意味を入れます

【例】

「見て美《うつく》しいだけのものよりも、実際《じっさい》に役《やく》立つもののほうがよい」
ことを
花よりだんご　という。

・使い方編…読み札に用例《れい》を入れます

【例】

野球場《やきゅうじょう》に来たのに、食べてばかりいて試《し》合を見ないのは
まさに
花よりだんご　だ。

・ドラマ編…読み札に使われる場面《めん》を入れます

【例】

「あの姉妹、そっくりね」
「でも、ダンスをおどらせると、お姉さんに比《くら》べて妹のほうは、びっくりするほど下手《へた》なのよ。」
「まさに　**月とすっぽん**　ね。」

❷ 「ことわざ辞典《じてん》」

【例】

二兎《と》を追《お》う者《もの》は一兎をも得《え》ず
意味　由来 ＿＿＿＿。
　一般的な意味 ＿＿＿。
使い方 ＿＿＿＿＿＿＿＿。

▼見出し語

▼意味

・由来（元の意味）

・一般的《いっぱんてき》な意味

▼使い方（表現《げん》方法の例）

・例文（短《たん》作文）／四コマまんが　など

※こんな内容《ないよう》も考えられます

・似《に》た意味や反対《はんたい》の意味のことわざ　類《るい》　対《つい》

・オリジナルことわざ（意味はそのままで、今の生活に合わせ、まねて作る）

・豆《まめ》知識《しき》、ミニ情報《じょうほう》　など

❸「故事成語辞典」・「故事成語 成《な》り立ち物語」

▼見出し語

▼意味

▼使い方（表現方法の例）・例文（短作文）／四コマまんが　など

▼成り立ち（物語）

※こんな内容も考えられます……
・似た意味や反対の意味のことわざ　類　対
・さし絵やまんが
・豆知識、ミニ情報　など

❹「ことわざすごろく」作り（意味も示し、意味に合ったコマの進《すす》み方を考える）

【例】「棚《たな》からぼた餅《もち》」で三つ進む。　など

❺ことわざ・故事成語クイズ

❻ことわざ新聞

② 活動の手順《じゅん》

❶言葉を選びましょう。　どんなことわざや故事成語を集《あつ》めるか決《き》めましょう。
・「いろは」順
・自分が興《きょう》味をもったもの
・〇〇が付くもの（動物《ぶつ》、虫、鳥、植《しょく》物、食べ物《もの》、数字、色、職業《しょくぎょう》など）

❷必要《ひつよう》な事《こと》がらについて調《しら》べ、ノートに書き出します。

❸それぞれの表現方法《ほう》でまとめ、仕上《しあ》げます。

★「ことわざ辞典」や「故事成語辞典」「故事成語 成り立ち物語」にまとめた場合は、「目《もく》次《じ》」を付けましょう。また、集めたり調べたりして気づいたことを「前書き」や「後書き」に書きましょう。

❹できあがった作品で遊んだり、交換《かん》して読み合ったりしましょう。

● ことわざ 何かな

- まな板《いた》のこい
- ねこに小判《ばん》
- へびに見こまれたかえるのよう
- とらの威《い》を借《か》るきつね
- さるも木から落《お》ちる
- 石橋《いしばし》をたたいてわたる
- 馬の耳に念仏《ねんぶつ》
- かっぱの川流《なが》れ
- おぼれる者《もの》はわらをもつかむ
- 花より団子《だんご》
- ぶたに真珠《しんじゅ》
- 好《す》きこそものの上手《じょうず》なれ
- 急《いそ》がば回れ
- くもの子を散《ち》らすよう
- 下手《へた》の横好《よこず》き
- 二階《かい》から目薬《めぐすり》
- 二兎《と》を追《お》う者《もの》は一兎をも得《え》ず
- 案《あん》ずるより産《う》むが易《やす》し
- 弁慶《べんけい》の泣《な》き所《どころ》
- 灯台下暗《とうだいもとくら》し
- 犬も歩けば棒《ぼう》に当たる
- 泣《な》きっ面《つら》にはち
- 頭かくしてしりかくさず
- ちりも積《つ》もれば山となる

イラスト・茶々あんこ

【児童作例】

❶ ことわざカルタ

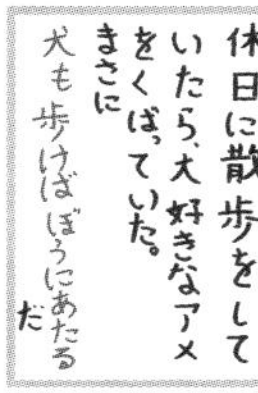

読み札

取り札

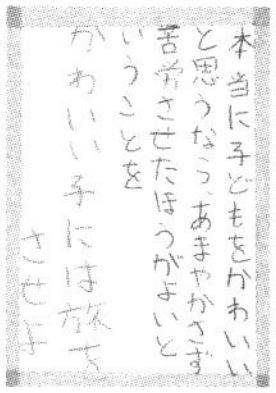

読み札

❷ ことわざ辞典

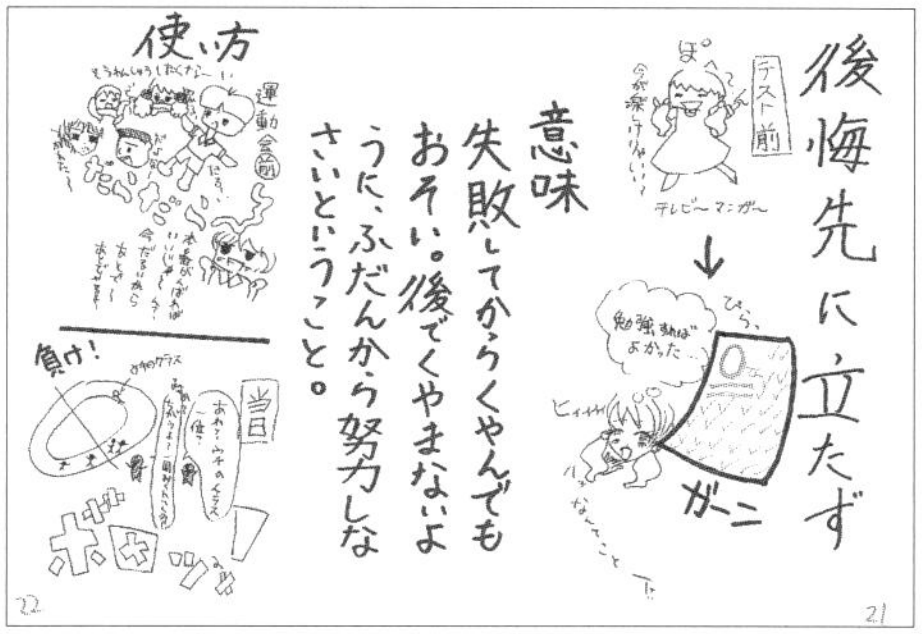

❸ 故事成語成り立ち辞典

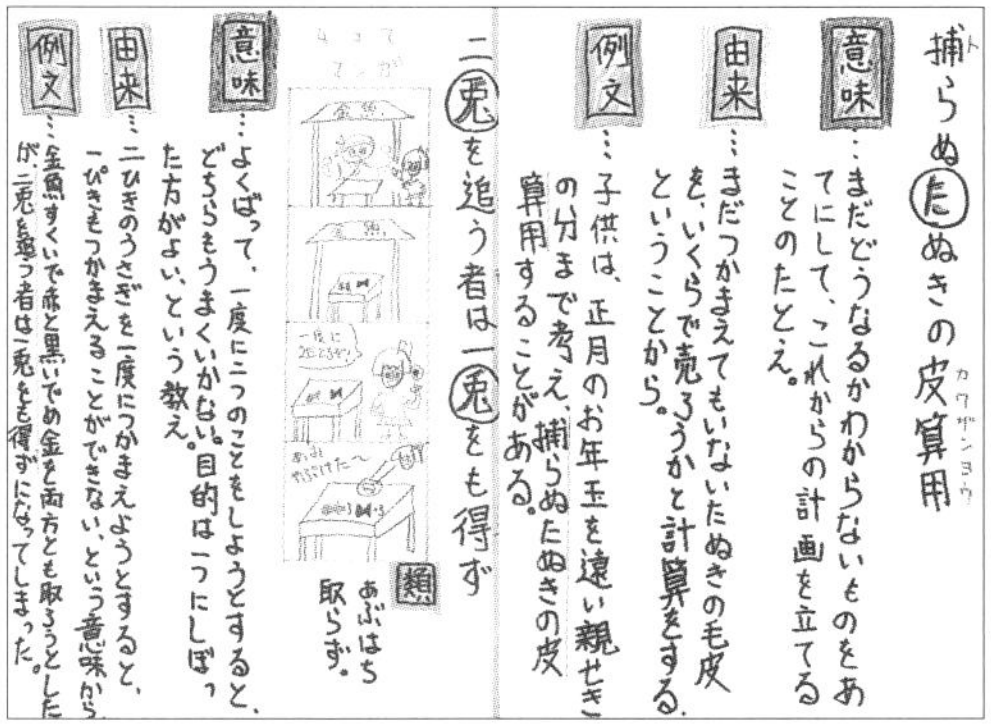

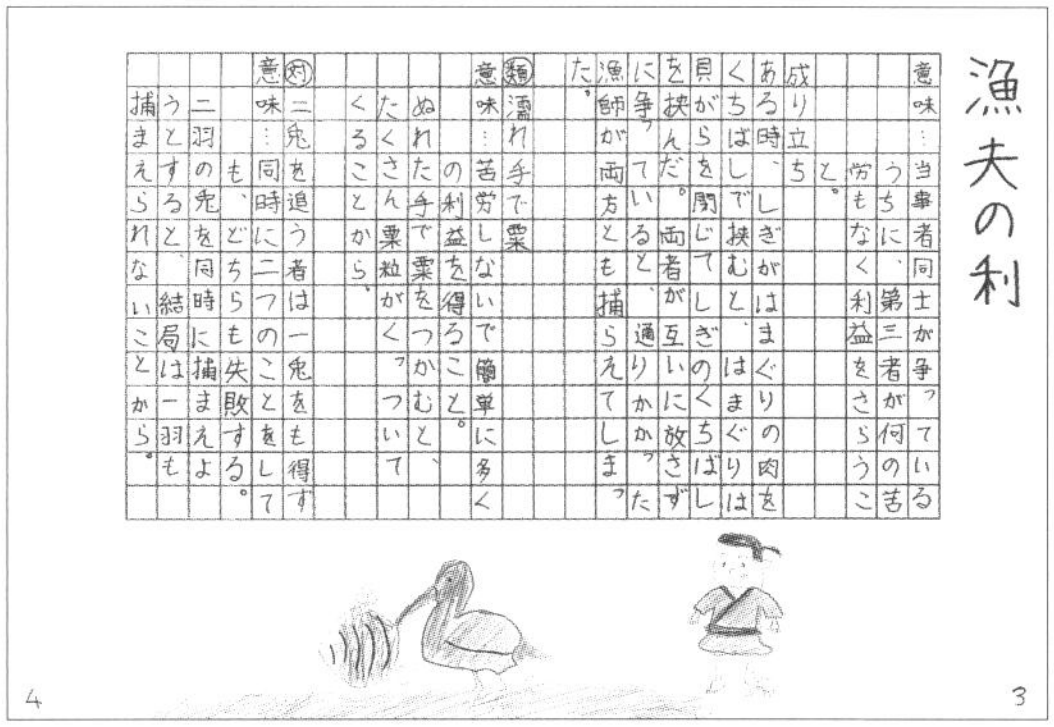

児童用参考図書

- ◆『子どもことわざ辞典（ことばはともだち）』庄司和晃（講談社）
- ◆『三省堂こどもことわざじてん』三省堂編修所（三省堂）
- ◆『新明解故事ことわざ辞典』三省堂編修所（三省堂）
- ◆『新レインボーことわざ辞典』学研辞典編集部（学習研究社）
- ◆『用例でわかる故事ことわざ辞典』学研辞典編集部（学習研究社）
- ◆『例解学習ことわざ辞典』小学館国語辞典編集部（小学館）
- ◆『小学生のための ことわざをおぼえる辞典』川崎優（旺文社）
- ◆『小学生のまんがことわざ辞典』金田一春彦（学習研究社）
- ◆『小学生のまんが四字熟語辞典』金田一春彦（学習研究社）
- ◆『ドラえもんの国語おもしろ攻略 ことわざ辞典（ドラえもんの学習シリーズ）』栗岩英雄（小学館）
- ◆『ちびまる子ちゃんのことわざ教室 ことば遊び新聞入り（満点ゲットシリーズ）』島村直己（監修）さくらももこ（原著）（小学館）
- ◆『ちびまる子ちゃんの続ことわざ教室（満点ゲットシリーズ）』時田昌瑞（著）さくらももこ（原著）（小学館）
- ◆『ことわざ絵本』『ことわざ絵本PART—2』五味太郎（岩崎書店）
- ◆『まんがで学ぶことわざ（まんがで学ぶ日本語大研究！）』青山由紀（国土社）
- ◆『まんがで学ぶ故事成語』八木章好（国土社）
- ◆『故事成語・論語・四字熟語』山口理（偕成社）
- ◆『わかる、伝わる、古典のこころ3——ことわざ・慣用句・故事成語を楽しむ14のアイデア』工藤直子・高木まさき 監修（光村教育図書）

九の巻

漢詩

——高学年

春暁

春眠　暁を覚えず
処処　啼鳥を聞く
夜来　風雨の声
花落つること　知る多少

漢詩の学習と聞くとなんだか難しそうな気がしますが、思いきって白文で出会わせてしまう方法もあります
ええっ!?白文で?
難しくないの?

初めに、中国で生まれたことわざを白文で示します。

これ、何だかわかるかな?
百聞不如一見
中国語!
じゃあ、読み方がわかる人、いますか?意味は?
わからなーい!
むり〜っ!
百聞不如一見

でも知っている漢字があるでしょ
百聞《ひゃくきき》?
一見《いっけん》?
あ!ひゃくぶんはいっけんにしかず!
百聞不如一見
「不」は打ち消しの意味だね

次はこれです
歳月不待人
また「不」がある。「待たず」?
「歳月」は「としつき」のことだよ
歳月不待人
「歳月人を待たず」と読みます

中国から伝わってきた言葉の中から、「覆水不返盆（覆水盆に返らず）」の例も挙げ、同じパターンを繰り返します。

その流れで「春暁」の冒頭部分を示します。

読み方や意味がわかる人はいるかな?
春眠不覚暁
また「不」があるから「覚えず」?
聞いたことがある!
しゅんみんあかつきをおぼえず
意味はわからない
どんなところで聞いたのかな?
お母さんがうとうとしそうになったとき…

ここで全文を書いたプリントを配りこれが漢詩であることを説明します。

これには続きがあります
春暁
孟浩然
春眠不覚暁
処処聞啼鳥
夜来風雨声
花落知多少
何これ~? わかんない~
習った漢字がいっぱいある
全部五文字だ

意味や読み方がわかるところを書いてみよう
春暁
あかつき
孟浩
春眠不覚暁
処処聞啼鳥
鳥のなき声
夜来風雨声
台風が来る
花落知多
花が落ちる

子どもたちはクイズ感覚で内容を理解していきます。

「暁」って、「大造じいさんとガン」に出てきたね
早朝のことだよ
春は朝眠い
「お休み処」の「処」だ
「啼」はみかどがしゃべった?
鳥が「ショッショッ」と鳴いている
雨が降ったのは夜キャンプに行ったとき、雨の後の朝はきれいだったよね

子どもたちが、自分のもつ漢字の知識や経験を十分に使い切ったところで書き下し文を配付し意味を確認していきます。

気がついたことはありますか？
二文字と三文字で意味が切れるよ
前半と後半の話が矛盾している気がする初め静かで後は嵐
三行目だけ急に昨日の話になってる！

漢詩は起承転結がはっきりとしているので、四コマまんがで情景をイメージさせるとわかりやすいことがあります。

四コマまんがにするとどんな絵になるかな？
一コマ目と二コマ目はふとんの中！
三コマ目はポワンポワン
四コマ目は庭を見ているところ！

映像資料がある場合は子どもたちが十分にイメージを広げた後に見せるようにしましょう。

春暁
みんなが想像した絵と合ってるかな?

創作に結び付けることもできます。

清里キャンプの思い出を漢詩風に表現してみよう

寒寒寒寒寒

子どもたちにとって、白文は難しいだけのものではないのですね
子どもたちは白文は難しいものという先入観がありません　子どものほうが、大人よりずっと感覚的だし、直感力もあるのだと、驚かされることが多いです

目ざしたいこと

学習のねらい：
親しみやすい漢詩に興味をもち、音読する。

それってつまり！

漢詩は中国から伝わってきた詩です。私たちが声に出して親しんでいるのは、漢詩を訓読したもの、つまり日本語です。声に出すことで、漢文訓読調のリズムの美しさに気づかせ、楽しむことを主眼としています。

けれども、それだけでは「伝統的な言語文化」の学習として不十分です。元は中国のものであった言葉や漢詩が、日本語として現代の生活に浸透していることに気づかせることも大切です。「百聞は一見に如かず」といったことわざに加え、「春眠暁を覚えず」は春の常套句として使われていますし、「春宵一刻値千金」は唱歌「花」に「げに一刻も千金の」とうたわれています。このように、時代を超え、連綿とつながっていることが伝統であり文化なのです。

同じ漢字文化をもっているからこそその特徴を生かし、これまでの漢字学習ともつなげて考え、初めて出会ったのに「読み方がわかる」「大体の意味がわかる」という経験を大事にしたいものです。

学習の流れ（全3時間）

❶ 白文で示された言葉（中国で生まれたことわざ）の意味や読み方を考える。

❷ 「春暁」の読み方や意味を知り、音読する。

- 一行目を白文で示し、❶の学習をヒントに、意味や読み方を予想させる。
- 二行目以降も白文で示し、漢字の意味などから内容を考えさせる。
- 全文の意味や読み方を確かめさせ、起承転結になっていることに気づかせる。
- 情景を思い浮かべながら音読させ、リズムに親しませる。

❸ 「江南の春」を、情景を思い描きながら音読する。

- 「江南の春」を白文で示し、❷での学習を活用して意味や読み方を考えさせる。
- 意味や読み方を知らせ、情景を思い浮かべながら音読させる。

プラスα 身近な出来事や情景を題材に「オリジナル漢詩」を作る。

白文から出会わせるよさ

「白文で出会わせるなんて、小学生には難しすぎるのでは？」と思いがちですが、白文から出会わせるよさはたくさんあります。

一つ目は、漢詩としての見た目の美しさにふれさせることができることです。漢字が縦横に並ぶ美しさは白文ならではのものです。

二つ目は、漢詩は本来中国のものであり、私たちが音読しているのは日本語の訓読であることを、自然と理解させることができます。

三つ目は、既習事項から意味や読み方に迫る経験をさせることができます。これまでに学んだ漢字の表音や表意の性質はもちろん、詩で学んだ表現技法、作文で学んだ起承転結など、他領域の学習を生かしたり、つなげたりして考えさせる学びが実現できます。

四つ目は、漢字から詩のイメージをつかませることで、「中国の春も、花が咲き鳥が鳴く情景はいっしょ」「春の訪れを喜ぶ気持ちは同じ」「花は桜ではなさそう」と、ものの見方の共通点や相違点に、子どもの目が向くことが挙げられます。

五つ目は、漢文訓読調のリズムの美しさが印象づくことです。白文を見るだけでは、大体の意味や読み方に迫ることはできても、訓読文体のように調った読み方はできません。だからこそ、訓読文体を示したときに、日本語としてのリズムのよさや美しさをより強く感じます。

漢詩を作る

❶白文と訓読を並べ、特徴に気づかせる

最初は五言絶句から始めましょう。「春暁」など、取り上げた漢詩の白文と訓読を並べ、特徴を確かめます。

・一行（一句）に五文字でそろっている四行詩である。
・それぞれの句には役割があるようだ。
　第一、二句は、初めの状態や、周りの様子が描かれている。
　第三句で話が転換し、第四句でしめくくられている。
・色や音、香りを感じさせる言葉が効果的に使われている。
・それぞれの句において、二文字と三文字に分かれる。

❷テーマを決め、四行詩を書く

テーマや題材には、校外学習や運動会などの共通体験が適しています。同じ体験をしているから、互いにアドバイスし合うことができます。

テーマを決めたら、先の特徴を意識しながら四行詩を書かせます。

❸四行詩の中から熟語や漢字を抜き出す

先に書いた四行詩の中で漢字や熟語にできそうなものを見つけ、漢字に直します。未習の漢字でも、辞書を引いてわかるものは漢字に直させます。

漢字や熟語を抜き出して五言絶句の形に調え、題名をつけます。

❹読み方をつけ、清書する

できあがった漢詩に、リズムに留意しながら訓読（書き下し文）を付けさせます。

白文に送り仮名を書き込んだものと並べて、清書して完成です。

漢詩

（中国で生まれたことわざ）

百聞不如一見　百聞《ひゃくぶん》は一見《いっけん》に如《し》かず

覆水不返盆　覆水《ふくすい》盆《ぼん》に返らず

歳月不待人　歳月《さいげつ》人を待たず

聞一以知十　一を聞きて以《もっ》て十を知る

良薬苦於口　良薬口に苦《にが》し

対訳

百回聞くよりも一回見るほうがよくわかる。何度くり返し聞いても、実際に見ることにおよばない。

一度起きてしまったことは決して元にもどすことはできない。

時は、人の都合に関わらず、刻《こく》一刻と過《す》ぎていき、止まることはない。

一部を聞いただけで全体が理解《かい》できるほど、頭がいいこと。

良い薬は苦いけれど病気によく効《き》くように、真心からの忠《ちゅう》告は、たとえ耳ざわりであったとしても、自分の行動には役立つ。

春暁《しゅんぎょう》

孟浩然《もうこうねん》

春眠不覚暁
処処聞啼鳥
夜来風雨声
花落知多少

春眠《しゅんみん》　暁《あかつき》を覚えず
処処《しょしょ》　啼鳥《ていちょう》を聞く
夜来《やらい》　風雨《ふうう》の声
花落つること　知る多少

江南春《こうなんのはる》

杜牧《とぼく》

千里鶯啼緑映紅
水村山郭酒旗風
南朝四百八十寺
多少楼台煙雨中

千里《せんり》　鶯《うぐいす》　啼《な》いて緑《みどり》　紅《くれない》に映《えい》ず
水村山郭酒旗《すいそんさんかくしゅき》の風
南朝《なんちょう》　四百《しひゃく》　八十寺《はっしんじ》
多少の楼台煙雨《ろうだいえんう》の中《うち》

春の眠《ねむ》りは気持ちがよくて、朝になったのも気づかなかった。あちこちで鳥の鳴く声が聞こえてくる。そういえば、昨日の夜は風や雨が強かった。庭の花はどのくらい散っただろうか。

いたるところで、うぐいすが鳴き、葉の緑が花の紅にうつり合っている。水辺の村でも、山沿いの村でも、酒屋の旗が風になびいている。昔、南朝時代には、四百八十もの寺院が立ち並んでいたというが、そのたくさんの楼台が春雨の中にけむっている。

静夜思《せいやし》

李白《りはく》

牀前看月光
疑是地上霜
挙頭望山月
低頭思故郷

牀前《しょうぜん》月光を看《み》る
疑《うたご(う)》ふらくは是《こ》れ地上の霜《しも》かと
頭《こうべ》を挙げて山月《さんげつ》を望み
頭を低《た》れて故郷《こきょう》を思ふ《(う)》

江雪《こうせつ》

柳宗元《りゅうそうげん》

千山鳥飛絶
万径人蹤滅
孤舟蓑笠翁
独釣寒江雪

千山《せんざん》　鳥飛ぶこと絶《た》え
万径《ばんけい》　人蹤滅《じんしょうめつ》す
孤舟《こしゅう》　蓑笠《さりゅう》の翁《おう》
独《ひと》り釣《つ》る　寒江《かんこう》の雪《ゆき》

寝《しん》台の辺りに月明かりが差しこんでいた。あまりにも白くて、地上に降《ふ》った霜かと思った。見上げると、山の上に美しい月が出ていた。その月を見ていると、自然に頭が下がり、故郷への思いで胸《むね》がいっぱいになった。

あらゆる山では鳥も（雪のため）飛ばなくなってしまい、全ての小道からは人の足跡《あしあと》が（雪のため）消えてしまった。一そうの舟《ふね》に蓑《みの》と笠《かさ》を着けた老人が、たった一人で寒々とした冬の川で釣りをしている。

漢詩作りに挑戦《ちょうせん》

ステップ① 題材を探《さが》し、一文で書こう。

【例】
・林間学校の登山での、とちゅうの苦しさと、頂《ちょう》上からの景色のすばらしさ。
・寒さきびしい冬の日に、家族で囲む鍋《なべ》の温かさに幸せを感じた。
・なかなかできずに苦労した組み体操《そう》が、運動会本番では成功したうれしさ。

【ポイント】 「成功したうれしさ」のように、いちばん伝えたい思いや事がらをはっきり意識《しき》するために、サイドラインを引きましょう。

ステップ② 四行詩（四行作文）にしてみよう。（起承《しょう》転結を意識して書いてみましょう。）

【例】
起　林間学校で登った秋の八ヶ岳《やつがたけ》、
承　細く険《けわ》しい山道に体力も限界《げんかい》状態《じょうたい》、もうやめようと思ったそのとき、
転　友の歓《かん》喜の声と共に突然広がる青空、
結　富士山とかたをならべ、足下に広がる木々のいろどりは、まさに絶《ぜっ》景。

【ポイント】 ① 起承転結を意識して構成《こう》しよう。
起……季節《きせつ》や状況、初めの様子　承……伝えたい事がらへと焦《しょう》点をしぼる
転……状況や気持ちの変化、話の転換《かん》　結……しめくくり、伝えたい思い

ステップ③ 四行詩（四行作文）の中から漢字や熟語《じゅく》にできそうなものを見つけて漢字に直し、形を整えよう。五言絶句（五文字の四行詩）、または七言絶句（七文字の四行詩）にしよう。

【ポイント】 辞書を活用して、まだ学習していない漢字も使って漢字で表現してみよう。
元の言葉そのままでなく、別の言葉に言いかえるなどの工夫をしよう。

漢詩	読み方	意味

ステップ④ 読み方と意味を書こう。

【ポイント】 声に出したとき、リズムのよい読み方となるように工夫しよう。

■作品例

漢詩	読み方	意味
冬夜誘漂湯	冬の夜漂《ただよ》う湯気に誘《さそ》われて	冬の夜、漂う湯気に誘われてテーブルにつく。
温菜幸美味	温菜の美味なこと幸せなり	温かい野菜がとてもおいしく、幸せだなあ。
皆鍋囲和心	皆《みな》で鍋《なべ》を囲み、和《なご》む心	にぎやかに、皆で鍋を囲むと心が和む。
楽過不覚時	楽しく過《す》ごす時を覚えず	あんまり楽しくて、時が過ぎるのも気づかない。

十の巻

論語

——高学年

子曰はく、「己の欲せざる所は、
人に施すこと勿かれ。」と。

子曰はく、「過ちて改めざる、
是を過ちと謂ふ。」と。

今回は
論語を学習した後
エッセイを書く授業を
します
エッセイ?
論語を
自分に引き寄せて
楽しむ授業です
「書くこと」の領域と
関連させることで、
効果的な言語活動を
行うことができます

まず、※教科書を見せずに板書します。
「施す」「勿かれ」などの言葉を辞書で調べ、大体の意味をとらえさせます。

子《し》曰《い》はく
「己《おのれ》の欲《ほっ》せざる所は、
人に施《ほどこ》すこと勿《な》かれ。」と。
されたくない
ほしがらない
してはならない
恵む
あたえる
行う
これってだれかの
「教え」みたいだね
神様の教え?
キリスト
じゃない?

※平成23年度版光村図書
「国語 五 銀河」

「子」は孔子のことです
孔子は昔の中国のえらい先生なんだよ
子《し》曰《い》はく、
教科書を開いて現代語訳を読み、意味を確かめます。
「自分が人からされたくないと思うことを、他人に対してしてはならない」
こういうことを言われたことはあるかな？
妹をからかったらお母さんに「同じことをされたら嫌でしょ」って怒られた
ぼくも弟のおもちゃをかくしたときに言われた

じゃ、これはどうかな
子曰はく、「過《あやま》ちて改《あらた》めざる、是《これ》を過《あやま》ちと謂《い》ふ。」と。
改めない
「過ちをおかしてそれを改めないのが本当の過ちというものだ」
思いあたることがある人はいるかな？
宿題を忘れて注意されたのに次の日もまた忘れた
思いあたることがたくさんある……
君たちは何年生まれだっけ？
2000年！
論語は今から約二五〇〇年前、紀元前にまとめられたんだよ
大昔の人も同じことを言われていたんだね

そして、音読をした後エッセイを書く活動に入ります。

まず、エッセイがどのような文章なのか子どもたちに説明します。

〈論語エッセイの書き方〉
1. 具体的なエピソードが思いうかぶ「論語」を見つける
2. 構成
三部構成
初め・中・終わり
論語との関わり
エピソード
自分の経験・身の回りのことニュースで見たことなど
しめくくり
主張
六百字程度でまとめよう

エッセイについて

▼「エッセイ」とは

自分の経験や身の回りの出来事などを取り上げ、それについて自分の考えを述べた文章のことです。

▼「論語エッセイ」を書くポイント

・論語に結び付く経験や出来事が具体的に書かれていること
・自分の考えや提案などが明確に述べられていること
・構成が整っていること

〈三部構成〉
初め（エピソード）
中（論語と結び付ける）
終わり（主張）

場合によっては教師が書いたエッセイを見せてもよいでしょう。

「論語エッセイ」の書き方を知ろう

初め

教室で走り回っていて花びんを割《わ》ってしまったときのことだ。

「A君のせいだ。」

「ぼくじゃない。Bさんにおされたんだ。」

「それはC君がぶつかってきたからでしょ。」

たがいに、「自分は悪くない、他の人のせいだ」と主張《ちょう》し続ける。もしも自分だったらどうするだろう。花びんに限《かぎ》らず、このような場面はよくある。

中

論語の中に、「子曰《しいわ》く、『君子は諸《これ》を己《おのれ》に求む。小人《しょうじん》は諸《これ》を人に求む。』と」という言葉がある。「君子は何事も自分の責任《せきにん》と考えるが、小人はすべての責任を他人におしつけてしまうものだ」という意味の言葉である。「全ての責任を他人におしつけることはよくない」という教えは、先ほどの場面にぴったりである。しかし、これは当然のことである。むしろ、「自分の責任と考える」ということに意味があると思われる。

人間まじめにがんばっていても、失敗することはある。うまくいかないこともある。そんなとき、ついだれかのせいにしようとしたり、言いわけを考えたりする。責任転嫁《てんか》したほうが楽だ。失敗を認《みと》めるには勇気がいる。謝《あやま》ったり、原因をつきつめて考えたり、やり直したりしなければならないからだ。失敗を人のせいにしている間は、同じあやまちをくり返す。自身の成長にもつながらない。

終わり

失敗を認めることは、決してかっこう悪いことではない。むしろ、自分に責任をもつ潔《いさぎよ》さが感じられる。自分に正直で、自己成長し続ける人はみりょく的だ。次の社会のにない手である君たちには、そんな大人になってほしい。

論語には教科書に載っているものの他にもいろいろな教えがあるから
図書館などで調べてみてね

論語探しとエッセイを長期休みの宿題にするのもいいでしょう。

故きを温ねて新しきを知る……か

お母さんおじいちゃん知っている論語ある?

「学びて時にこれを習ふ」
「四十にして惑わず五十にして天命を知る六十にして耳順う」

これだっ！
「君子は義《ぎ》に喩《さと》り、小人《しょうじん》は利《り》に喩《さと》る」
「過ちて改めざる、是を過ちと謂ふ」だな
辞任

子どもたちが論語を調べるのには限界があります。あらかじめ論語の例（P158）をプリントして配っておいてもよいでしょう。

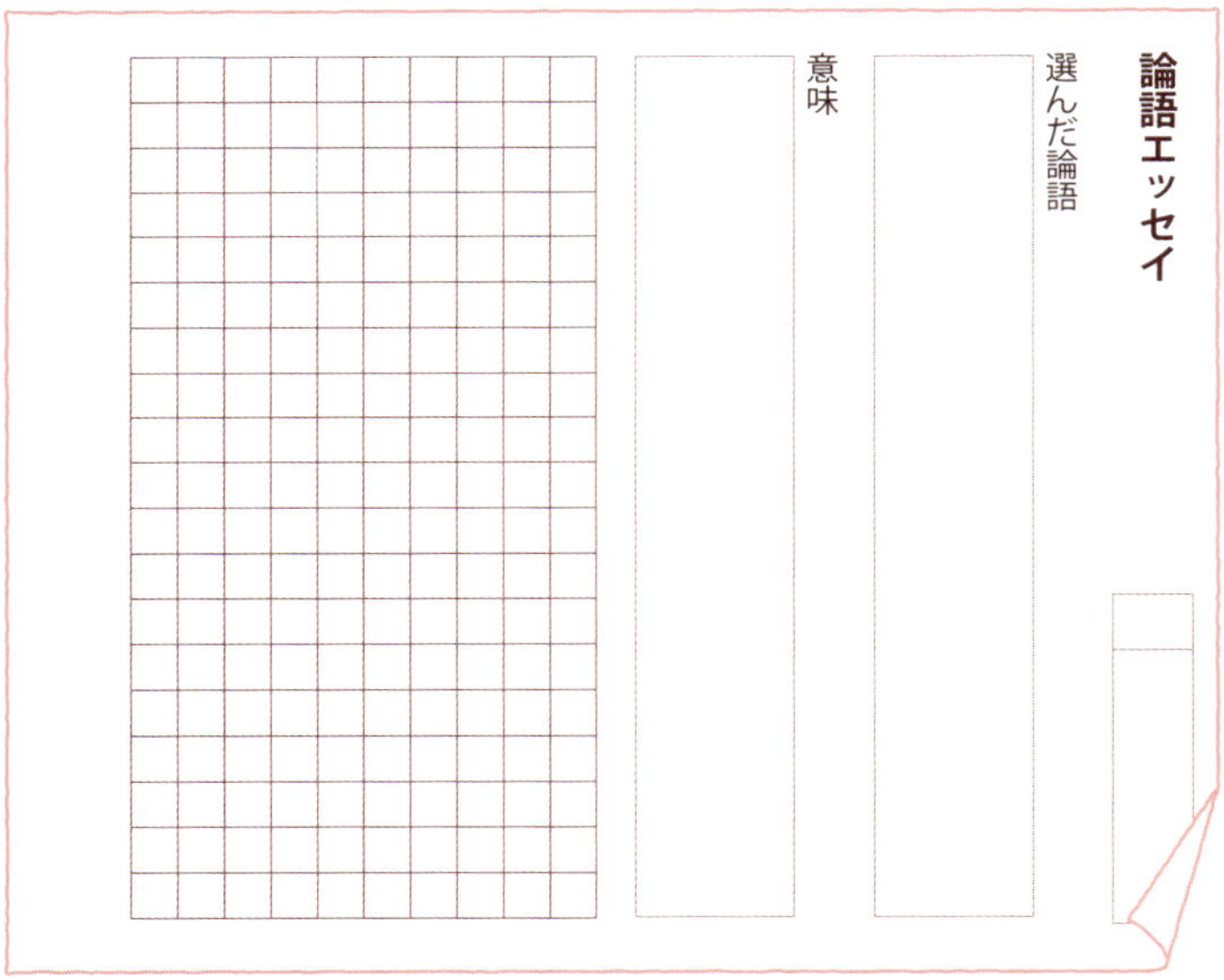

論語エッセイ
選んだ論語
意味

テーマとする論語を意識しながら書けるワークシートを用意しました

できたエッセイはクラスで読んで交流しましょう。友達のエピソードを聞くことで子どもたちはいろいろな論語に興味をもつようになります。

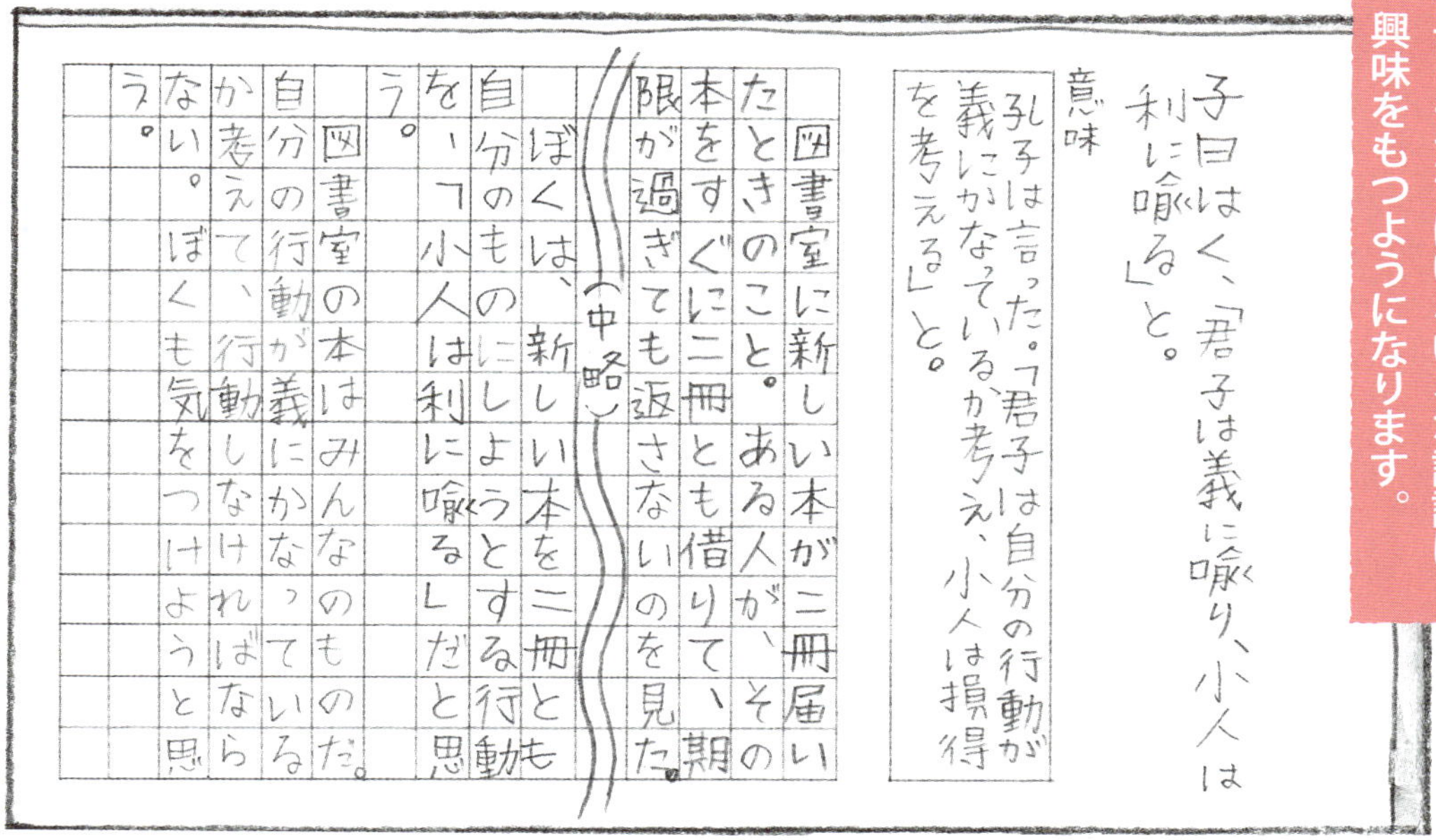
子曰はく、「君子は義に喩り、小人は利に喩る」と。

意味

孔子は言った。「君子は自分の行動が義にかなっているか考え、小人は損得を考える」と。

図書室に新しい本が二冊届いたときのこと。ある人が、その本をすぐに二冊とも借りて、期限が過ぎても返さないのを見た。

（中略）

ぼくは、新しい本を二冊とも自分のものにしようとする行動を「小人は利に喩る」だと思う。

図書室の本はみんなのものだ。自分の行動が義にかなっているか考えて、行動しなければならない。ぼくも気をつけようと思う。

へーっ！
こんな論語の言葉があったんだ
自分も気をつけようと思ったところがいいね

エッセイを書くことで、論語でいわれていることが、自分に引き寄せられるんですね
身近に感じると暗唱する意欲もわくんです

目ざしたいこと

学習のねらい：
論語を音読することを通して古典のリズムに慣れ親しむ。また、自分の経験に照らして読み味わうことによって、より身近に感じる。

それってつまり！

論語は、紀元前五百年頃に活躍した中国の思想家である孔子の言葉や、弟子とのやり取りをまとめた言行録です。日本では、江戸時代に寺子屋でも学ばれ、広くなじみのあるものとなりました。当時は、意味や内容を考えず教師の範読に続いて復唱する「素読」が中心でしたから、音読しやすい訓読文体となっています。

まずは、この漢文訓読調のリズムを味わいましょう。けれども、それだけでは大昔に中国の偉い人が言った言葉を復唱しているにすぎません。論語が日本へと伝わり、四百年以上も受け継がれてきたのは、人が生きていくうえでの指針や、悩みを解決するヒントが詰まっているからです。したがって、自身と照らしながら読ませることで、内容の理解を深め、私たちの生活にも通じていることを感じさせることが大切です。また、論語の学習を通して、困ったときの支えとなったり、力を与えてくれたりする言葉をもたせたいものです。

学習の流れ（全4時間）

1 論語と出会い、興味をもつ。

・論語の書き下し文を視写し、意味を予想する。
・わからない言葉の意味を辞書で調べたり、口語訳を参考にしたり、論語について解説を加えたりするなどして、内容をとらえさせる。
・内容を考えながら音読させ、リズムに親しませる。

2 「論語エッセイ」を書く。

・教師の書いた「論語エッセイ」を提示して、終末の活動イメージをもたせる。
・教師の書いたモデルを使い、エッセイの特徴や書き方を学ばせる。
・子どもの生活経験と結び付けやすい論語を取り上げ、関連する出来事を想起させる。
・自分の経験に重なるような論語を選び、構成を意識してエッセイを書く。

3 書いたエッセイを読み合い、感想を交流する。

子どもが論語を自分に引き寄せるために

子どもが論語と自分とを結び付けることができるようにするポイントは、次の二つです。

一つ目は、子どもが生活に照らしたり、引き寄せて考えたりしやすい章句を選ぶことです。「温故知新」「切磋琢磨」「巧言令色」といった四字熟語や、「一を聞いて以って十を知る」「過ぎたるは猶及ばざるがごとし」といった故事成句など、論語から生まれた言葉から出会わせるのもよいでしょう。

二つ目は、具体的に想起させることです。現代語訳を参考に意味を理解した後、「同じようなことはないかな」と自身や身の回りを振り返らせます。「ある、ある」という子どもに「どのようなときに?」「どうして?」と問い返し、状況を詳しく説明させます。すると、「だったら、自分にもある」と、徐々に他の子どもも自分に引き寄せて考えられるようになります。この過程でたくさんの論語にふれさせ、印象に残った章句や、気に入った章句などを見つけさせます。論語を通して自分を語らせると、自身の問題を自覚していることや、社会や大人を冷静に見つめている子どもの内面に気づかされます。

子曰はく、
「故きを温ねて
新しきを知れば、
以て師と為るべし」

他領域の学習と合わせて複合的な単元化を図る

「伝統的な言語文化」は、平成二十年度版「学習指導要領」から新たに加わりました。そのねらいや性質から、他の領域とは切り離してとらえられがちです。しかし、限られた授業時数の中で、必然をもたせながら学習を進めるには、他の領域の学習と合わせて複合的な単元を構想することも必要です。

例えば、本実践は、高学年の「書くこと」の言語活動例に示された「随筆を書く」活動と論語の学習を組み合わせた単元です。

この他、同じ「随筆を書く」活動と組み合わせるのに適したものとして、『枕草子』の第一段「春はあけぼの」が挙げられます。「春はあけぼの」をまねて季節の随筆を書く（翻作する）単元は、無理なく実践できます（「三の巻」参照）。また、「ものづくし」の段と組み合わせ「自分流・〇〇なもの」という随筆を書かせる単元も構想できます。

短歌や俳句を作る活動と『奥の細道』を組み合わせることも可能です。学区域で吟行し、詠んだ短歌や俳句を行程順に並べて文章を添えると、「〇〇小学校版　奥の細道」となります。

単元の終末に、音声表現で発表する場を設定することもできます。例えば論語の場合、自分が調べた章句の中から最も印象に残ったものを発表する単元を仕組むことができます。発表内容としては、論語の章句とその意味、選んだ理由、その章句から思い浮かぶ場面などが考えられます。発表は、スピーチやポスターセッションなど多様な方法から適したものを選ぶことができます。

論語《ろんご》

◆論語の章句《く》を読んで、自分や身の回りに思いあたることはないか、思い起こしてみましょう。

1 子《し》曰《い(わ)》はく、「己《おのれ》の欲《ほっ》せざる所《ところ》は、人に施《ほどこ》すこと勿《な》かれ。」と。

孔子《こうし》は言った。「自分が人からされたくないと思うことを、他人にしてはならない。」と。

2 子曰はく、「故《ふる》きを温《たず》ねて新しきを知れば、以《もっ》て師《し》と為《な》るべし。」と。

孔子は言った。「昔の人の教えや過去のことについて学習し、理解《かい》することによって、新しい知識《しき》や見解を得ることができれば、人を教える先生となることができる。」と。

3 子曰はく、「過《あやま》ちて改めざる、是《これ》を過ちと謂《い(う)》ふ。」と。

孔子は言った。「人はだれでも過ちがあるものだが、過ちをおかしてそれを改めないのが、本当の過ちというものだ。」と。

4 子曰はく、「学びて思はざ《(わ)》れば、則《すなわ》ち罔《くら》し。思ひ《(い)》て学ばざれば、則ち殆《あやう》し。」と。

孔子は言った。「広く学ぶだけで、自分でよく考えてみることをしないと、学んだことがぼんやりしていて、本当にわかったとはいえない。自分で思いめぐらすだけで、広く他人の言葉や古人の教えを学ぶことをしないと、考え方がせまく、一方にかたよって危《き》険《けん》である。」と。

5

子曰はく、「君子《くんし》は和《わ》して同《どう》ぜず。小人《しょうじん》は同じて和せず。」と。

孔子は言った。「立派《りっぱ》な人物は、人々と真心をもって接《せっ》することで心を合わせるが、道理を曲げてまで他人と調子を合わせることはしない。心のせまい人は、調子は合わせるが、心を合わせることはしないものである。」と。

6

子曰はく、「過《す》ぎたるは猶《なお》及《およ》ばざるがごとし。」と。

孔子は言った。「ものごとには適《てき》当な度合いというものがある。度が過ぎても、足りなくても、よろしくない。過《か》不足のない、ちょうど良いことこそ大切なのだ。」と。

7

子曰はく、「学びて時に之《これ》を習ふ(う)、亦説《またよろこ》ばしからずや。朋《とも》遠方より来《きた》る有《あ》り、亦楽しからずや。人知らずして慍《うら》みず、亦君子《くんし》ならずや。」と。

孔子は言った。「人から教わったことを機会あるごとに復《ふく》習し、ついにマスターする。何と喜ばしいことよ。友達がいてわざわざ遠くからやって来てくれる、何と楽しいことよ。人が自分を高く評価《ひょうか》してくれなくてもおこったりしない、何と立派《りっぱ》な人であることよ。」と。

8

子曰はく、「巧言令色《こうげんれいしょく》、鮮《すくな》し仁《じん》。」と。

孔子は言った。「心にもないお世辞《せじ》を言ったり、他人に気に入られようとする顔つきや態度《たい》をする人には真実の心はないものである。」と。

9

子曰はく、「之《これ》を知るを之《これ》を知ると為《な》し、知らざるを知らずと為す、是《これ》知るなり。」と。

孔子は言った。「知っていることを知っているとし、知らないことを知らないとする、これが本当に知っているということです。」と。

10

子曰はく、「過《あやま》ちては則《すなわ》ち改むるに憚《はばか》ること勿《な》かれ。」と。

孔子は言った。「（自分の言葉や行動に）まちがいがあったら、はずかしいとかいやだなどと考えないですぐに改めるのがよい。」と。

11

子曰はく、「人遠き慮《おもんぱか》り無ければ、必ず近き憂《うれ》え有《あ》り。」と。

孔子は言った。「人がもし、目先の安全で簡《かん》単なことに従《したが》って、遠い将来《しょうらい》のことを考えないで行動すると、必ず近い将来に後悔《こうかい》することが起こります。」と。

12

曾子《そうし》曰はく、「吾《われ》日《ひ》に吾《わ》が身を三省《さんせい》す。人の為《ため》に謀《はか》りて忠《ちゅう》ならざるか。朋友《ほうゆう》と交わりて信《しん》ならざるか。習わざるを伝えしか。」と。

曾子（孔子の弟子《でし》の一人）は言った。「私は毎日何度となく自分の言葉や行動について反省する。人の世話をする時に真心をこめて行動したか。友人との付き合いに真心をこめた気持ちで対応したか。先生から教わったことで自分がまだ十分理解していないことを、口先だけで他人に伝えたことはなかったか。」と。

※「曰はく」は、「孔子」に敬語を使った「のたまわく」という読み方もありますが、ここでは平成二十三年度版光村図書「国語五 銀河」にそろえました。

【児童作例】

論語エッセイ

論語

子曰わく、父母に事《つか》うるには幾《ようや》くに諫《いさ》め、志《し》の従《したが》わざるを見ては、又《ま》た敬《けい》して違《たが》わず、労《ろう》して怨《うら》みず。

意味

孔子は言った。「親も人間だから、まちがえることはある。だから、まちがっていると思ったら、そっと注意してもいいだろう。注意してみて、あなたと考え方が合わないこともあるかもしれない。けれど、それでも大切な親だ。感謝の気持ちを忘れずに接しなさい。そして親が困ったときには、あなたが助けてあげなければいけない。」と。

私はよく母や祖母とけんかをする。ピアノの練習で注意されたことがきっかけで言い争いになったり、特に夏休みは宿題がたくさんあるのに計画的にできていないと怒られてしまう。でも、私が相手におこられているのに、実は相手がまちがえていることもある。

そんな言い争いをよくしていた母が、今年、大きな病気であることが分かった。前は、よくけんかをしていたが、今はそんなことをするなんて、考えてもいない。ただ、母に元気になってもらうために助けるのみだ。

この論語は、まさに、今の私にとって一番大切にしておかなければならない言葉。この論語が今の私のじょうきょうにぴったりと当てはまり、論語が私を元気づけてくれる。また、「敬して違わず、労して怨みず。」と言われると、この私もついつい言い争いになってしまうことは無いだろうな、と思う。今の母の状態を思うと、この論語は、人にすばらしい力を与えられると、私には強く感じられる。

私はこの論語を通して、これからの生活について考えていきたいと思う。家族に対する考え方、そして自分自身の将来についてなど、たくさんの課題はあるが、この論語を忘れずにいれば、これまでとはまた少し変わった生き方ができるのではないか。

出典・参考図書

◆『日本古典文学全集 8 竹取物語 伊勢物語 大和物語 平中物語』
片桐洋一・福井貞助・高橋正治・清水好子／校注・訳（小学館）

◆『日本古典文学大系 19 枕草子 紫式部日記』池田龜鑑・岸上愼二・秋山虔／校注（岩波書店）

◆『日本古典文学大系 32 平家物語 上』高木市之助・小澤正夫・渥美かをる・金田一春彦／校注（岩波書店）

◆『光村の国語 はじめて出会う古典作品集1 土佐日記・枕草子・更級日記・方丈記・徒然草・おくのほそ道』河添房江・髙木まさき／監修 青山由紀・甲斐利恵子・邑上裕子／編（光村教育図書）

◆『光村の国語 はじめて出会う古典作品集2 万葉集・古今和歌集・新古今和歌集・百人一首・短歌・俳句』河添房江・髙木まさき／監修 青山由紀・甲斐利恵子・邑上裕子／編（光村教育図書）

◆『光村の国語 はじめて出会う古典作品集4 竹取物語・伊勢物語・源氏物語・大和物語・大鏡・堤中納言物語・平家物語・世間胸算用・南総里見八犬伝』
河添房江・髙木まさき／監修 青山由紀・甲斐利恵子・邑上裕子／編（光村教育図書）

◆『光村の国語 はじめて出会う古典作品集5 古事記・風土記・今昔物語集・宇治拾遺物語・十訓抄・沙石集・御伽草子・伊曾保物語』
河添房江・髙木まさき／監修 青山由紀・甲斐利恵子・邑上裕子／編（光村教育図書）

◆『光村の国語 はじめて出会う古典作品集6 近代小説・近代詩・現代詩・童謡・唱歌・名句・名言・漢詩・漢文・故事成語』河添房江・髙木まさき／監修 青山由紀・甲斐利恵子・邑上裕子／編（光村教育図書）

◆『光村の国語 わかる、伝わる、古典のこころ1 物語・随筆・説話・伝統芸能を楽しむ16のアイデア』
工藤直子・髙木まさき／監修 青山由紀・小瀬村良美・岸田薫／編（光村教育図書）

◆『光村の国語 わかる、伝わる、古典のこころ2 短歌・俳句・近代詩・漢詩を楽しむ18のアイデア』
工藤直子・髙木まさき／監修 青山由紀・小瀬村良美・岸田薫／編（光村教育図書）

◆『光村の国語 わかる、伝わる、古典のこころ3 ことわざ・慣用句・故事成語を楽しむ14のアイデア』
工藤直子・髙木まさき／監修 青山由紀・小瀬村良美・岸田薫／編（光村教育図書）

◆『光村の国語 語彙を広げる！書いて、話して、伝わることば3 考えを伝える／随筆を書く／物語を書く／詩を書く／短歌・俳句を作る』髙木まさき・森山卓郎／監修 青山由紀・岸田薫／編集（光村教育図書）

◆『考える力をのばす！読解力アップゲーム3 詩・短歌・俳句編』青山由紀／監修（学習研究社）

◆『子どもに語る日本の昔話1』稲田和子・筒井悦子／著（こぐま社）

◆『子どもに語る日本の昔話2』稲田和子・筒井悦子／著（こぐま社）

◆『子どもに語る日本の昔話3』稲田和子・筒井悦子／著（こぐま社）
◆『日本昔話百選 改訂新版』稲田浩二・稲田和子／編著（三省堂）
◆『すらすら読める枕草子』山口仲美／著（講談社）
◆『日本随筆大成　新装版　第2期　第19巻』日本随筆大成編輯部／編（吉川弘文館）
◆『日本唱歌集』堀内敬三・井上武士／編（岩波書店）
◆『童謡（増訂版）』野ばら社編集部／編（野ばら社）
◆『唱歌（増訂版）』野ばら社編集部／編（野ばら社）
◆『王朝秀歌選』樋口芳麻呂／校注（岩波書店）
◆『俳句をつくろう』藤井圀彦／著（さ・え・ら書房）
◆『イラスト子ども俳句　春』炎天寺／編　吉野孟彦／監修（汐文社）※春、夏、秋、冬の4巻あります
◆『短歌・俳句　季語辞典』中村幸弘・藤井圀彦／監修（ポプラ社）
◆『四季のことば絵事典』荒尾禎秀／監修（ＰＨＰ出版）
◆『B面の夏』黛まどか／著（角川書店）
◆『俳聖かるた』（俳聖かるた　いとうや）
◆『中国詩人選集　第4巻　陶淵明』一海知義／注（岩波書店）
◆『朗唱漢詩漢文』全国漢文教育学会／編（東洋館出版社）
◆『漢書 中巻』小竹武夫／訳（筑摩書房）
◆『漢文を学ぶ〈一〉』栗田亘／著（童話屋）
◆『新釈漢文大系　1　論語』吉田賢抗／著（明治書院）
◆『15歳の寺子屋　みんなの論語塾』安岡定子／著（講談社）
◆『こども論語塾』安岡定子／著（明治書院）

日本音楽著作権協会（出）許諾第1302809―301号

青山由紀（あおやま　ゆき）

東京都生まれ。筑波大学大学院修士課程修了。私立聖心女子学院初等科を経て、平成十年より筑波大学附属小学校教諭。日本国語教育学会常任理事、全国国語授業研究会常任理事、ことばと学びをひらく会理事、光村図書・小学校国語教科書編集委員。

著書に『話すことが好きになる子どもを育てる』（東洋館出版社）、『子どもを国語好きにする授業アイデア』（学事出版）、『まんがで学ぶ　ことわざ』（国土社）、『楽しく遊ぶ学ぶ／こくごの図鑑』（小学館）、『板書 きれいで読みやすい字を書くコツ』（ナツメ社／樋口咲子共著）など、監修（ビデオ・DVD）に「映像で見る国語授業　4年　説明文を『比べて読もう』」（内田洋行）、「読もう！遊ぼう！伝えよう！　楽しい読書活動シリーズ『本の楽しさを伝えよう　～ブックトーク～』」（学研教育出版）などがある。

古典が好きになる
―まんがで見る青山由紀の授業アイデア10

2013年4月30日　第1刷発行

著　者　青山由紀
発行者　常田 寛
発行所　光村図書出版株式会社
〒141-8675　東京都品川区上大崎2-19-9
電　話　03-3493-2111（代表）
ホームページ　http://www.mitsumura-tosho.co.jp

装丁・本文デザイン　mg（岡田真理子）

印刷所　株式会社加藤文明社
製本所　株式会社民由社

ISBN978-4-89528-683-1　C0037